まえがき

SDGs（持続可能な開発目標）とは何だろうか。詳細は第 0 章「風変わりな序章」に譲るとして，端的に言い表すなら「普遍」である。「我々の世界を変革する：持続可能な開発のための 2030 アジェンダ」の宣言「第 5 パラグラフ」において，「これらは，先進国，開発途上国も同様に含む世界全体の普遍的な目標とターゲットである」と明確に述べられている。

では，いったい何を世界に「普遍」化するのか。トランプ政権の自国中心主義だろうか。中国共産党による一党支配体制だろうか。それともイスラム原理主義だろうか。まさか，ヴィーガニズム＝菜食主義ではないだろう（もしそうなら，SDGs を超えた，ほんとうの持続可能性に到達できるだろうが……）。答は，いうまでもなく「西欧近代」というプロジェクトの普遍化である。つまり「humanism ＝人間中心主義」，中でも「自由主義」を普遍化し，自由や人権を身にまとった「人間」を，この地球上に普（遍）く広めるのである。

たしかにわれわれは，われわれ自身が思っている以上に「西欧人（ないし北米人）」である。150 年前，日本ではその概念すら存在しなかった権利や人権という言葉は，まるでヒトが誕生して以来の連れ合いであるかのごとく「普遍化」している。

また，われわれはその装いにおいては，もはや西欧人である。たいていはシャツにパンツ，スニーカーで毎日を過ごす（それは編者のうちの一人だけかもしれないが）。人によっては頭髪をブロンドやブラウンに染め上げる。ヒトの中で交換可能なパーツがあれば，それらはすべて西欧化を志向しているようだ（交換できないパーツだって「人間」に備わった「自由」な「権利」のもとでは，お金が「西欧化」を実現させてくれる）。母（国）語のような生得的ではないパーツなど，変えるべきものの最たる例である。英語を話せないなんて，おおよそ話にならない，そんな時代である。

ところで，SDGs という西欧近代の普遍化プロジェクトが成功するかどうかはわからないが，日本以外においても，実際の地球上ではいたるところで人が「西欧人化」している。もちろん反発は世界各地における紛争や戦争として現れているものの（もちろん原因は他にもあるが），そのような地域の映像にも，シャツにジーンズといういでたちの人が目につく。地球は巨大な歴史の推進力によって，結局のところ一つの帝国へと収斂しつつあるのだろう。

SDGs とは，一つの帝国というシナリオ実現へ向けての詳細なチェックリストである，といっては言い過ぎだろうか。もちろん，その中には文化的多様性への配慮が盛り込まれるなど一律な西欧化ではない。ただし，これをヒューマニズムとしての humanism の拡張とみるならば，やはり広い意味での「西欧化」である（humanism の多義性については第 0 章の脚注にくわしい）。

さて，SDGs はその実現に向けて，地球上のすべての人々や組織が関わることを求める。ゆえに，編者が所属する公立鳥取環境大学においても，全学をあげてSDGs 実現のための活動を推進している。編者のような末端の構成員であっても，その活動へ寄与することは当然の義務である（と，このように書くと SDGs は自由主義的なのか全体主義的なのか，わからない代物のように思えるが，紛れもなく自由主義の産物である）。そのような活動の一つの記録が本書ということになる。

前置きが長くなってしまった。本書の具体的射程を述べよう。本書は，SDGs が歴史の中でいかにして形成されてきたのか，またその現状を俯瞰するとともに，社会の多様な場面において SDGs を達成するために有用となるであろう処方箋を提示した。ただし執筆者の専門性と関係し，処方箋は大きく括って環境学分野と経営学分野に限られる。そのため，SDGs の全ゴールを取り扱ってはいない。しかしながら本書は SDGs に関する書籍の中では後発の部類に属するため，いずれの章においても既存の書には見られない独自の視点を含んでいる。言い換えれば，SDGs を考える上で類書には見られない視角から，SDGs 達成のための鍵を提示したつもりである。ただしこのような試みがどの程度成功しているかは読者のご判断を待ちたい。　本書の構成を述べよう。本書は序章と三つの部から構成される。第 1 部は「SDGs を取り巻く歴史と今」，第 2 部は「SDGs 達成のための自然・技術・人間系の構築」，第 3 部は「SDGs 達成のための経営」である。各部の間にはコーヒー・ブレイクとしてコラムを交えた。コラムのタイトルは「グルメコーヒーは世界を変える」である。以下，コラムを除いた各章の内容を簡潔に紹介しよう。

第 0 章「風変わりな序章──SDGs の下に埋もれるものたちから SDGs をみつめる」では，まずは SDGs を通説的（正統的）な視点から読み解く。その過程で，SDGs は「人間中心主義 = humanism」とりわけ「自由主義の人間中心主義 = liberal humanism」がその思想的基盤であることを指摘する。それゆえ，SDGs には多くの取り残されたものが存在することが明らかになる。本章は，われわれがこのような存在に無関心なまま SDGs に取り組むことの危険性に警鐘を鳴らしている。

第 1 部は SDGs そのものを理解することが主眼となっている。ただし，その方法

は類書とは異なりゴールの詳細な解説を行うものではない。具体的には，歴史的な視座からSDGsを読み解くとともに，SDGsの現状を統計的方法を用いて把握するものである。

　まず，第1章「歴史からみた環境と経済開発」において，環境史と発展経路という視角から，環境と人間の活動（とくに経済開発）との関係を超長期的観点に立って考える。とりわけ環境の違いがもたらした「発展経路の違い」に着目すると，世界人口の約半数が暮らす熱帯地域（乾燥帯も含む）がとった経路である「生存基盤確保型発展経路」が，じつはSDGsとの親和性が高い発展経路である可能性を指摘する。

　次いで第2章「SDGsの来た道」では，SDGsそのものの歴史を19世紀までさかのぼりひも解く。本章では，SDGsとは国際社会における19世紀末以来の環境問題への取り組みと，20世紀中葉以降の開発への取り組みが融合したものであることを示す。また「誰一人取り残さない」というSDGsの中核的理念が，大西洋憲章に原点をもつ国際連合設立以来の理想に，MDGsまでの開発問題や各種環境問題への取り組みなどの実践的な経験と教訓が重なったものであることを示す。

　第3章「世界はSDGsの意味において持続可能か」では，SDGsの到達度を統合的に計測するための方法を与える統合指標（Composite Indicator）について，まずは一般的な構築方法を紹介する。ついでSDGsの到達度の評価により適した統合指標の作成方法を紹介する。この方法を用いて，実際に世界各国のSDGsの到達度を計測する。その結果，通常の国においては，ある一定の所得水準まではSDGsの到達度と一人当たりGDPとの間に強い相関関係があることが明らかになる。

　第2部は三つの観点からSDGsを考える。そもそも地球の生態系は，ゆるぎないエネルギーの法則・物質の法則のもとに成り立ち循環している。この地球でわれわれは日々生活し，新たな技術を開発し，持続可能な社会を目指している。今一度，地球に思いをはせつつ，地球上で活動している人間を思い浮かべると，そこには，地球に存する自然法則のなかで，地球の有限性に配慮しつつ，日々新たな技術を開発し，それらを浸透させ日常に組み込もうと，多様な人々とともにさまざまな活動を行うわれわれの姿が浮かび上がってくる。第2部はこのような地球における自然・技術・人間のおりなすシステム（＝系）の構築について論ずる。

　まず，第4章「持続的な自然と物理法則」では，地球の大原則の観点から，持続可能性とは何かについて，物理法則に焦点をあて，われわれの世界観を力学的世界観から熱力学的世界観へ転換することの必要性を唱えている。SDGs達成云々以前に，地球がどのような法則のもと存在しているのか，これについて理解していなけ

れば，SDGs の目標達成は表層的になるであろう。

第5章「バイオマスでの水素製造がもたらす持続可能なエネルギー供給──エネルギーモデルの地球環境への有効性」では，技術の観点から，SDGs 達成のための処方箋を提示している。水素は多様な一次エネルギーから製造することが可能であり，水素エネルギーは将来有効な二次エネルギー形態として注目されている。本章では水素製造技術のなかでも，バイオマスからの水素製造に着目し，再生可能エネルギーであるバイオマスから水素を製造する利点について解説している。

第6章「持続可能な社会における土壌資源管理とその指標化」は，われわれにとって「そこにあること」があたりまえになっているからこそ通常意識することのない「土壌」に，われわれの意識を向けてくれる。本章では，持続可能な土壌管理とはいかなるものなのかについて，土壌の価値から掘り起こし，人間社会との関連から土壌管理の方策を提示している。なかでも，SDGs 達成のための処方箋の一つとして提案されている腐植本位体制は，非常に興味深い。

第7章，第8章は「地球‐人間」「人間‐人間」の視座から，SDGs への示唆を与えてくれる。

第7章「地球の気持ちに寄り添う──ジオパークという挑戦」では，地球の記憶の保全と活用のプログラムであるジオパークについて，国内外の事例を紹介するとともに，SDGs の観点からみたジオパークの意義とジオパークにおける実践例について述べている。ジオパークは，われわれに地球システムへの理解を促すとともに，地球の記憶を保全するための地球と人間による共同作業といえよう。「地球の気持ちに寄り添う」という発想の転換は，すべての SDG に対する強力な処方箋といえるのではなかろうか。

第8章「活動における関係性──持続可能な社会に向けてのパートナーシップのあり方」では，SDGs 達成のためのさまざまな活動における「関係性」について，事例の理論的な分析とともに考察している。SDGs の各目標の達成は一人では不可能であり，必ずそこには複数の人間，グループなど，さまざまなステークホルダーが関与する。本章では持続的な活動のための関係性のあり方を社会心理学的観点から提示するものである。

第3部では主として企業活動に焦点を当てて SDGs の達成に必要な条件を考察する。具体的にはマーケティング，戦略及びグローバル・マーケットの三つの側面から SDGs 達成のための方策を提言する。

第9章「SDGs とマーケティング」では，企業の目的である利益獲得においてもっ

とも重要とされるマーケティング活動を対象とする。本章ではマーケティングのなかでも近年注目される，SDGs のような社会的大義の訴求に用いられる手法であるソーシャル・マーケティングを取り上げる。まずは，SDGs を達成するために必要と考えられる二つの重要な概念を説明する。一つが CSR（企業の社会的責任）であり，もう一つが CSV（共通価値創造）である。その後，ソーシャル・マーケティングについて，具体的かつ詳細に説明を行うとともに，地方創生を社会的大義として位置づけた分析事例を紹介する。

　第 10 章「持続可能なファッションとは何か？──グローバル市場における消費と生産を考える」では，ファッション産業を対象として，20 世紀後半から今世紀にかけての消費形態と生産形態の変化を概観する。具体的にはファストファッションの誕生とそれを支える SPA（Speciality store retailer of Private label Apparel）の登場が最大の変化である。しかしファストファッションの主流化は，発展途上国における環境問題や人権問題を引き起こしていることが指摘される。そこで，経済成長を達成しつつ環境保全と人権保護のバランスを取るための提案が行われる。

　第 11 章「SDGs ウォッシュを考える──ストーリーとしてのサステナビリティ戦略を目指して」では 2015 年の SDGs 採択以来，顕在化しつつある SDGs ウォッシュに焦点を当てる。SDGs ウォッシュとは企業があたかも SDGs に資する活動を行なっているかのように装うことである。企業が SDGs の達成に資するためには，これを防ぐことが不可欠である。本章では，SDGs ウォッシュが生じる要因の背景の一つに，競合他社の SDGs 活動の表面的模倣があるとする。この観点に立つと，企業が SDGs ウォッシュを避けるためには「ストーリー」の視点をもつことが肝要である。その結果，企業は SDGs ウォッシュを超えてサステナビリティ戦略を描くことができるとする。

　さて，本書を読まれる上でのアドバイスとご留意いただきたい点を述べたい。まずは，本書は各章とも独立した論考となっており，どの章から読み進めていただいても構わない。そのため読者の関心に応じて，好きな順序でお読みいただければと思う。

　また，各論考とも独立した内容をもっているがゆえに，各執筆者の SDGs に対する認識は必ずしも共通ではない。しかし編者は論旨の詳細に立ち入ることはせず，各執筆者の立場を尊重することとした。また文体についても最小限の統一をはかったことを除き，各執筆者の持ち味に委ねた。一人ひとりの人間性を大事にする究極の人間中心主義たる SDGs の思想にふさわしいと考えるからである。本書を通じて，

読者が自らの SDGs に対する考えを深めてくだされば望外の喜びである。

　本書の刊行に際しては，公立鳥取環境大学学長裁量特別助成を受けている。年度単位での予算執行の都合から，制作には時間的余裕が決して多くはなかった。そのような制約のなかで，本書の出版をお引きうけくださったナカニシヤ出版編集部の米谷龍幸さん（氏は，編者二人にとって大学院の先輩にあたる）には，終始適切な助言をいただいた。また，本書の校正を担当されたナカニシヤ出版編集部のみなさまには緻密な作業をおこなっていただいた。そして，デザイナーの白沢正さんには本書のイメージにピッタリの装いを与えていただいた。そのほか，公立鳥取環境大学の学部事務室の諸氏には，煩雑な事務作業をお手伝いいただいた。曲がりなりにも本書が上梓できたのは，上に挙げた方々のおかげである。心より感謝申し上げる。

　最後に，自らの欲望の制御に取り組むとともに，SDGs よりも広い枠組みで世界の諸課題に立ち向かおうとしていた矢先に亡くなった蒲田俊幸君に本書を捧げたい。

2019 年 12 月

高井 亨・甲田紫乃

目　　次

00 風変りな序章

SDGs の下に埋もれるものたちから
SDGs をみつめる

高井 亨

> キーワード：人間中心主義，当然の権利，欲望，ガンディー，宮澤賢治

1 はじめに

　SDGs（Sustainable Development Goals，持続可能な開発目標）とは，2015 年 9 月に国連総会にて採択された『我々の世界を変革する――持続可能な開発のための 2030 アジェンダ』に記載された，2016 年から 2030 年までに達成すべき国際目標である。表 0-1 に示した 17 のゴールとその下に紐づけられた 169 のターゲット（達成基準）から構成される。

　さて，SDGs を誰がどのように定めたのかについて，その形成過程は岡田（2017）に，国際社会の成立にまでさかのぼった歴史的展開については本書の第 2 章「SDGs が来た道」にくわしいため，本章では SDGs がいったい何であるのかを確認することとしよう。

2 SDGs を理解する

■ 2-1　SDGs の本質を考えるために

　SDGs の本質的内容とは何だろうか。それを理解するためには，たとえば SDGs に関連する書籍を手にとることが一つの有益な方法である。しかし何よりも『我々の世界を変革する――持続可能な開発のための 2030 アジェンダ』（以下 2030 アジェンダ）の隅々までに目を通すことが，SDGs への正確な理解へと導いてくれる。邦訳にしてわずか 37 ページのこの文書は，SDGs の唯一の「検定教科書」である。

　本章では，2030 アジェンダのエッセンスがすべて詰まっているともいえる「前

表 0-1　SDGs の 17 ゴール（公益財団法人 地球環境戦略研究機関による仮訳に基づく）

持続可能な開発目標
目標 1　あらゆる場所のあらゆる形態の貧困を終わらせる
目標 2　飢餓を終わらせ，食料安全保障および栄養改善を実現し，持続可能な農業を促進する
目標 3　あらゆる年齢のすべての人々の健康的な生活を確保し，福祉を促進する
目標 4　すべての人々への包摂的かつ公正な質の高い教育を提供し，生涯学習の機会を促進する
目標 5　ジェンダー平等を達成し，すべての女性および女児の能力強化を行う
目標 6　すべての人々の水と衛生の利用可能性と持続可能な管理を確保する
目標 7　すべての人々の，安価かつ信頼できる持続可能な近代的エネルギーへのアクセスを確保する
目標 8　包摂的かつ持続可能な経済成長およびすべての人々の完全かつ生産的な雇用と働きがいのある人間らしい雇用（ディーセント・ワーク）を促進する
目標 9　強靱（レジリエント）なインフラ構築，包摂的かつ持続可能な産業化の促進およびイノベーションの推進を図る
目標 10　各国内および各国間の不平等を是正する
目標 11　包摂的で安全かつ強靱（レジリエント）で持続可能な都市および人間居住を実現する
目標 12　持続可能な生産消費形態を確保する
目標 13　気候変動およびその影響を軽減するための緊急対策を講じる
目標 14　持続可能な開発のために海洋・海洋資源を保全し，持続可能な形で利用する
目標 15　陸域生態系の保護，回復，持続可能な利用の推進，持続可能な森林の経営，砂漠化への対処，ならびに土地の劣化の阻止・回復および生物多様性の損失を阻止する
目標 16　持続可能な開発のための平和で包摂的な社会を促進し，すべての人々に司法へのアクセスを提供し，あらゆるレベルにおいて効果的で説明責任のある包摂的な制度を構築する
目標 17　持続可能な開発のための実施手段を強化し，グローバル・パートナーシップを活性化する

文」を引用し，このアジェンダが目指すところを理解しよう。これが SDGs を理解するための近道といえよう。

前　文

　このアジェンダは，人間，地球及び繁栄のための行動計画である。これはまた，より大きな自由における普遍的な平和の強化を追求するものでもある。我々は，極端な貧困を含む，あらゆる形態と側面の貧困を撲滅することが最大の地球規模の課題であり，持続可能な開発のための不可欠な必要条件であると認識する。

　すべての国及びすべてのステークホルダーは，協同的なパートナーシップの下，この計画を実行する。我々は，人類を貧困の恐怖及び欠乏の専制から解き放ち，地球を癒やし安全にすることを決意している。我々は，世界を持続的かつ強靱（レジリエント）な道筋に移行させるために緊急に必要な，大胆かつ変革

的な手段をとることに決意している。我々はこの共同の旅路に乗り出すにあたり，誰一人取り残さないことを誓う。

　今日我々が発表する 17 の持続可能な開発のための目標（SDGs）と，169 のターゲットは，この新しく普遍的なアジェンダの規模と野心を示している。これらの目標とターゲットは，ミレニアム開発目標（MDGs）を基にして，ミレニアム開発目標が達成できなかったものを全うすることを目指すものである。これらは，すべての人々の人権を実現し，ジェンダー平等とすべての女性と女児の能力強化を達成することを目指す。これらの目標及びターゲットは，統合され不可分のものであり，持続可能な開発の三側面，すなわち経済，社会及び環境の三側面を調和させるものである。

　これらの目標及びターゲットは，人類及び地球にとり極めて重要な分野で，向こう 15 年間にわたり，行動を促進するものになろう。

人　　間
　我々は，あらゆる形態及び側面において貧困と飢餓に終止符を打ち，すべての人間が尊厳と平等の下に，そして健康な環境の下に，その持てる潜在能力を発揮することができることを確保することを決意する。

地　　球
　我々は，地球が現在及び将来の世代の需要を支えることができるように，持続可能な消費及び生産，天然資源の持続可能な管理並びに気候変動に関する緊急の行動をとることを含めて，地球を破壊から守ることを決意する。

繁　　栄
　我々は，すべての人間が豊かで満たされた生活を享受することができること，また，経済的，社会的及び技術的な進歩が自然との調和のうちに生じることを確保することを決意する。

平　　和
　我々は，恐怖及び暴力から自由であり，平和的，公正かつ包摂的な社会を育

4

んでいくことを決意する。平和なくしては持続可能な開発はあり得ず，持続可能な開発なくして平和もあり得ない。

パートナーシップ

　我々は，強化された地球規模の連帯の精神に基づき，もっとも貧しくもっとも脆弱な人々の必要に特別の焦点をあて，全ての国，全てのステークホルダー及び全ての人の参加を得て，再活性化された「持続可能な開発のためのグローバル・パートナーシップ」を通じてこのアジェンダを実施するに必要とされる手段を動員することを決意する。

　持続可能な開発目標の相互関連性及び統合された性質は，この新たなアジェンダの目的が実現されることを確保する上で極めて重要である。もし我々がこのアジェンダのすべての範囲にわたり自らの野心を実現することができれば，すべての人々の生活は大いに改善され，我々の世界はより良いものへと変革されるであろう。

■2-2　前文の前半部分を読む

1）第1パラグラフ

　冒頭において，2030アジェンダが「人間」「地球」「繁栄」のための行動計画であることが宣言される。続いて「平和」の強化が述べられる。これらは直後に取り上げられる持続可能な開発における最重要分野である，五つのP（People, Planet, Prosperity, Peace, Partnership）のうちの最初の四つである。

　続いて，極端な貧困（すなわち飢餓）を含む，あらゆる形態と側面の貧困の撲滅が「持続可能な開発の不可欠な必要条件」であることが宣言される。これこそが2030アジェンダのもっとも中心的な主張である。すなわち，「人間中心」の持続可能性概念がここに強く打ち出される。

2）第2パラグラフ

　すべての国及びすべてのステークホルダーが，協同的な「パートナーシップ」の下，この計画を実行することが述べられる。すなわちSDGsは発展途上国から先進国にいたるまでのすべての国が取り組むべき普遍的な目標である。ここまでで五つのPがすべて登場したことになる。

　ちなみに，SDGs の 17 ゴールのうちゴール 1 に近い目標ほど「人間」についての側面が強く，中ほどのゴール 8 から 11 付近を中心として「繁栄」に関する目標が配置される。後半のゴール 13 から 15 を中心として「地球」に関する目標が並ぶ。そしてゴール 16 に「平和」，最後のゴール 17 に「パートナーシップ」を据えることで，SDGs は締めくくられる。

　このパラグラフにおいて，SDGs の核心を表現したフレーズである「誰一人取り残さない」の文言が提示される。

3）第 3 パラグラフ

　SDGs の 17 個の目標と 169 のターゲットは，ミレニアム開発目標（MDGs）がもとになっていることが示される。つまり SDGs は 2015 年に突如としてかかげられた目標ではなく，過去に達成されなかった国際課題が引き継がれたものである。それゆえ「人権」「ジェンダー平等」「女性と女児の能力強化」は最重要の課題群として位置づけられる。ここでもやはり「人間中心」の持続可能性概念が前面に押し出される。

　また，これらの 17 個の目標及び 169 のターゲットは「統合され不可分」であることが強調されており，持続可能な開発の三側面（経済，社会及び環境）を調和させることの重要性も言及されている。「統合され不可分」という表現が意味することは，各目標およびターゲットの達成は，個別的ではなく相互関連性を考慮してなされるべきであるということである。このことは，前文の最終段落の「持続可能な開発目標の相互関連性及び統合された性質」という文言によっても確認することができる。

■ 2-3　前文の後半部分を読む

　前文の第 1 パラグラフから第 3 パラグラフを読むだけでも，SDGs の核心がほぼ浮き彫りになっている。以下では 17 ゴールの概念の核をなす五つの P について前文を読み解こう。

1）人　　間

　2030 アジェンダの対象とする人間とは，すべての「個人」であり，各人の潜在能力を発揮するためには「尊厳」「平等」「健康」を確保することが重要である。そのためには貧困（と飢餓）の解決が肝要となる。2030 アジェンダの最重要課題は貧困の解決に他ならないのである。

2) 地　　球

2030 アジェンダで提示される地球生態系への関心は，人間中心であることが示されている。つまり「地球が現在及び将来の世代の需要を支えることができるように」地球を破壊から守ることが要請されているのである。

3) 繁　　栄

「すべての人間が豊かで満たされた生活を享受すること」が 2030 アジェンダにおける繁栄の意味であることが理解できる。とはいえその繁栄の基盤をもたらす「社会的及び技術的な進歩」が，「自然との調和のうち」になされなければ，その繁栄も享受不可能であることは，上述の「地球」でも意識されている。

4) 平　　和

「平和なくして持続可能な開発はあり得ず，持続可能な開発なくして平和はあり得ず」の文言からも，「平和」が，貧困の克服と並んで 2030 アジェンダのもう一つの最重要課題であることがわかる。つまり平和こそが持続可能な開発の基盤である。

5) パートナーシップ

「全ての国，全てのステークホルダー及び全ての人の参加を得て」2030 アジェンダは実施されることが求められている。つまり地球上のすべての人と組織が相互のパートナーシップを活性化し，2030 アジェンダに取り組む必要性がある。その際，もっとも貧しくもっとも脆弱な人々の必要に特別の焦点を当てることで，「誰一人取り残さない」状況は実現されるのである。

■2-4　小　　括

以上，前文を通読するだけでも，SDGs が達成しようとしていることが理解できよう。さて，2030 アジェンダには前文以降，「宣言」「持続可能な開発目標（SDGs）とターゲット」「実施手段とグローバル・パートナーシップ」「フォローアップとレビュー」の各項目が記載されている。前文において述べられた事項がより詳細に述べられており，より深い理解を得るためには，本文を通読することが大切である[1]。

---

1) 高柳・大橋 (2018) のような教科書も存在しているものの，それぞれの論者によって，強調すべき点として取り上げる箇所は異なるため，2030 アジェンダを参照することが望ましい。

3 SDGs が取り残したものと SDGs の存在理由

■ 3-1 SDGs から抜け落ちているもの

SDGs が重視しているものが何か，前節において明らかになった。それは，一にも二にも，やはり人間である。とはいえ，SDGs のめざす究極的な目標であるはずの「人間」の幸福を達成する上で不可欠ともいえるいくつかの要素が抜け落ちているという指摘もある（沖 2017）。それらは，宗教や LGBT といった価値観に深く関わるものであったり，精神的豊かさ（たとえば芸術）に関するものである。人間の尊厳を重視するならば，人間の精神活動において宗教・哲学や芸術の重要性は決して無視できないであろう。これらの欠落は SDGs の人間中心的性格を敷衍した結果あぶり出された課題といえる。

■ 3-2 SDGs が取り残したもの

ところで，SDGs の人間中心的性格すなわち人間中心主義を検討することは通常，その立場が自明視されすぎていてなされることがない。しかしこの点をここでは吟味しよう。SDGs から取り残されたものたちが大量に現前するとともに，世界が SDGs を必要とする理由もみえてくる。

いま，前文の「地球」のパラグラフにおいてさえ「地球が現在及び将来の世代の需要を支えることができるように」とあるように，SDGs は人間以外の生命を道具として捉えていることがわかる。つまり人間以外の生物の個別的な生への配慮はみられない。実際に一例をあげれば毎年約 700 億頭の家畜が殺されている[2]。そして世界が SDGs を達成するためには，その数をさらに増やさなくてはならないだろう。しかし，SDGs 達成のために犠牲となる個々の感情を有する動物への配慮は，SDGs には一つもない[3]。このような存在を取り残したものとみることは，多くの人には豊かな国の人間の戯言に映るだろうし，取り残された人々への冒涜と受け取られるだろう。しかしそのような支配的な価値観こそが，人間中心主義（humanism）に属

2）世界中で年間に家畜がどれだけ屠殺されているのか邦語で参照できる文献は見当たらなかったものの，Wikipedia の Animal Slaughter（屠殺）の項（https://en.wikipedia.org/wiki/Animal_slaughter（最終確認日：2020 年 1 月 20 日））では，FAO の統計データから 700 億頭と推定している。また Sentient Media 内の次のページ「https://sentientmedia.org/how-many-animals-are-killed-for-food-every-day/」には 720 億頭の陸生動物が屠殺されているとある。

するものに他ならないことにわれわれは自覚的でありたい[4]。

■ 3-3　人間中心主義が SDGs を必要とする

人間中心主義，とりわけ SDGs の思想的基底をなす「自由主義的人間中心主義」（liberal humanism）が一体なんであるかは，世界的ベストセラーである『サピエンス全史』（ハラリ 2015）の一文が鋭くえぐっている[5]。

---

3) ハラリ（2015）に記されている通り「卵や牛乳，食肉を生産したり消費したりする人の大半は，自分が飲食しているもののもとであるニワトリや牛やブタの運命について，立ち止まって考えることは稀だ。また，しばしば考える人は，そのような動物はじつは機械とほとんど変わらず，感覚も感情も，苦しむ能力もないと主張する。皮肉にも，私たちの「牛乳製造機械」や「鶏卵製造機械」を形作るまさに科学の諸分野が最近，哺乳類や鳥類には複雑な感覚構造と感情構造があることを，合理的な疑いを挟む余地がないほどまでに立証した。彼らは身体的苦痛を感じるだけでなく，感情的苦痛も被りうる」のである。
　一方でこのような指摘に対して「植物を無視してよいのか」という意見が聞かれることがあるが，もし本気で「植物の立場」を憂慮しているならば，人間がそのまま植物を摂取するよりもはるかに多くを必要とする家畜の利用（主として畜産）は，より問題ということになる。
　さらにいえば，人間中心の価値観に立っていたとしても，家畜由来の温室効果ガスが地球温暖化の大きな要因であることを考えれば，家畜を取り巻く問題はいよいよ大きい。

4) 一般的に humanism は人文主義や人本主義と邦訳されるが，近代以降の文脈においては，「人間中心主義」の意味で使われることが多い。本章では 3-3 で引用するハラリ（2015）の示した humanism 解釈に倣い，humanism を「人間中心主義」とする（ただしハラリ（2015）では，原著の意図を汲み humanism を「人間至上主義」と訳出している）。ただし 1 点注意すべきは，humanism に基づく人権の拡大過程こそが，anthropocentrism の意味での人間中心主義と相対する「動物の権利」のような概念を生み出してきたという側面である。そのため humanism と人間中心主義とは似て非なるものとすることが環境倫理学では一般的であり（田上 2017），その場合 humanism は人間中心主義ではなく，ヒューマニズムと訳される。
　とはいえ以降の議論で示すように，人間中心主義としての humanism のもたらすさまざまな権利が地球上の至る所で高度に人間中心の世界を作り上げ，より多くの動物を苦しめるに至っている事実を本章では重視し，humanism を人間中心主義と訳す立場を取っている。

5) ハラリ（2015）の分類によれば，人間中心主義（humanism）にはこのほかに，社会主義的人間中心主義（socialist humanism），進化論的人間中心主義（evolutionary humanism；例としてナチスの思想）がある。

　自由主義の人間中心主義（筆者注；邦訳書では「人間至上主義」と訳出）の信条と，
生命科学の最新の成果との間には，巨大な溝が口を開けつつあり，私たちはも
はやそれを無視し続けるのは難しい。私たちの自由主義的な政治制度と司法
制度は，誰もが不可分であり変えることのできない神聖な内なる性質をもって
いるという信念に基づいており，その性質が世界に意味を与え，あらゆる倫理
的権威や政治的権威の源泉になっている。これは各個人の中に自由で永遠の
魂が宿っているというキリスト教の信念の生まれ変わりだ。だが過去200年
間に，生命科学はこの信念を徹底的に切り崩した。人体内部の働きを研究する
科学者たちは，そこに魂は発見できなかった。彼らは次第に，人間の行動は自
由意志ではなくホルモンや遺伝子，シナプスで決まると主張するようになって
いる──チンパンジーやオオカミ，アリの行動を決めるのと同じ力で決まる，
と。私たちの司法制度と政治制度は，そのような不都合な発見は，たいてい隠
しておこうとする。

　すなわち，SDGs の価値規範の基盤となる「自由主義的人間中心主義」は，キリス
ト教の信念と不可分の関係にあるとともに，多くの人々が現代社会の基底をなすと
信じている科学的知見については，都合よく取捨しているのである。SDGs は，普
遍的な正義であるかのごとく喧伝されているものの，それに違和感を感じる人も少
なからずいる。その理由は，まさしくここにあるのだろう。とはいえ，（自由主義の）
人間中心主義にぶら下がったおびただしい数の権利を当然のものとして享受しなが
ら，SDGs に批判的態度をとることは，許されない。それが許されるのは，われわ
れが当然であると思い込んでいる権利を貪ることのない「欲望から自由」な人のみ
である[6]。しかし，人間が欲望を制御することは難しい。
　ここで，宗教家でありインド独立の父であるガンディーの言葉に耳を傾けたい。

　　言葉の本当の意味における文明は，需要と生産を増やすことではなく，慎重か
　　つ果敢に，欲望を削減することです（ガンディー 2010）。

　たしかに，人間が真の意味での持続可能な世界を築くためには，欲望の制御が
もっとも単純明解な方法ではある[7]。しかし SDGs は，人類の究極的な目標である
幸福を，その欲望を肯定し充足することで実現させようとする。それはなぜか。答
えは簡単である。たいていの人間は，すでに手に入れた権利や豊かさを，自ら手放

しはしないからだ。もし，すでに豊かになった人々が，率先して自らの欲望を制御することができるのなら，われわれは成し遂げなくてはならない目標を減らすこともできるし，達成すべき水準は野心的といわれるほどに高いものとはならない。しかしそれは無理な相談だ。となれば，答は一つ。SDGsのために犠牲となるものが

---

6)「当然であると思い込んでいる権利」がいかなるものかを考えるとき，宮澤賢治が死の10日前の昭和8年9月11日に教え子の柳原昌悦にあてた手紙（現存が確認されている488通のうち，生前最後の手紙）は，われわれに「権利」という概念を再考するための起点を与える。以下，やや長めに抜粋する。「［…略…］私のかういふ惨めな失敗はたゞもう今日の時代一般の巨きな病，「慢」といふものの一支流に過って身を加へたことに原因します。僅かばかりの才能とか，器量とか，身分とか財産とかいふものが何かじぶんのからだについたものででもあるかと思ひ，じぶんの仕事を卑しみ，同輩を嘲り，いまにどこからかじぶんを所謂社会の高みへ引き上げに来るものがあるやうに思ひ，空想をのみ生活して却って完全な現在の生活をば味わふこともせず，幾年かゞ空しく過ぎて漸く自分の築いてゐた蜃気楼の消えるのを見ては，たゞもう人を怒り世間を憤り従って師友を失ひ憂悶病を得るといったやうな順序です。あなたは賢いしかういふ過りはなさらないでせうが，しかし何といっても時代が時代ですから充分にご戒心下さい。風のなかを自由にあるけるとか，はっきりした声で何時間も話ができるとか，自分の兄弟のために何円かを手伝へるとかいふやうなことはできないものから見れば神の業にも均しいものです。そんなことはもう人間の当然の権利だなどといふやうな考では，本気に観察した世界の実際と余り遠いものです。どうか今のご生活を大切にお護り下さい。上のそらでなしに，しっかり落ち着いて，一時の感激や興奮を避け，楽しめるものは楽しみ，苦しまなければならないものは苦しんで生きて生きませう［…略…］」（宮澤 1995）。
　ここで宮澤賢治がいう権利は，西欧近代に端緒を発する諸権利の概念とは異質のものであり，また，筆者がいう「当然であると思い込んでいる権利」と比べものにならないほど小さな願望である。

7) 欲望を肯定的なものとみなさない価値観は，洋の東西を問わず古代の倫理思想や中世キリスト教倫理においては一般的であった（野原 2017）。

8) 本章ではガンディーと宮澤賢治の言葉を紹介したが，注目すべきは，ガンディーの生き方，そして賢治の晩年における（病を押しての）東北砕石工場での過剰な労働姿勢や死の直前の肥料相談への応対は，われわれが何気なしに浸っている「当然の権利」からほど遠いところに身をおいた実例であり，にもかかわらず彼らはヒューマニスト（人道主義者）でありつつ「（倫理的）菜食主義者」であったのである（ただし賢治においては菜食と肉食容認の時期が，青年期以降交互に入り混じっている。しかし最晩年の病床において事実上の菜食であったことは，きわめて重要である）。その根底には，ガンディーはヒンズー教への，賢治は仏教への深い信仰があった。強大な権利の庇護のもとで二人とは真逆の立場に身をおくわれわれが，「SDGsが取り残した者たち」をも引き上げねばならないとしたら，これほどの困難があるだろうか。
　なお上述の「過剰な労働姿勢」という表現は大澤（2010）から引用した。

どれだけあろうともそれには気づかないことにして（大多数の人間は本当に気づいていないが），人類のさらなる繁栄を意味する「誰一人取り残さない」SDGsを地上に普（遍）く拡めることである。

4 おわりに

以上SDGsへ批判めいたことを述べたが，それはわれわれの正義であるSDGsが作り出す巨大な影に覆い隠された「これからも取り残されるもの」からSDGsをみつめたとき，SDGsはどんな姿形をしているのかを明かすことによって，SDGsに対する画一的な視点を転換する機会が必要と考えたためである。しかし，われわれが信奉する価値観は，このような現実に目を向けず，SDGsをあたかも金科玉条として掲げ突き進んでいるかのようである。今，世界中でSDGsへの取り組みが加速している。その際に，われわれは自らが生み出した正義ばかりに目を奪われることなく，その正義から「これからも取り残されるもの」の存在を忘れてはならないのである。われわれの正義の下には，われわれとは異なる（とわれわれが思っている）ものたちの屍が累々と横たわっているのだ[8]。

【引用・参考文献】

大澤信亮（2010）.「宮澤賢治の暴力」『神的批評』新潮社，pp.5-59.

岡田未来（2017）.「持続可能な開発目標（SDGs）とは何か」北脇秀敏・金子　彰・松丸　亮・眞子　岳［編］『持続可能な開発目標と国際貢献——フィールドから見たSDGs』朝倉書店，pp.1-11.

沖　大幹（2017）.「2030年のSDGs達成とBeyond SDGsに向けて」白田範史［編］『SDGsの基礎——なぜ，「新事業の開発」や「企業価値の向上」につながるのか？』事業構想大学院大学出版部，pp.143-175.

ガンディー, M. K.／森本達雄［訳］（2010）.『獄中からの手紙』岩波書店（Gandhi, M. K.（1932）. *From Yeravda Mandir: Ashram observances*. Navajivan Mudranalaya.）

田上孝一（2017）.『環境と動物の倫理』本の泉社

高柳彰夫・大橋正明［編］（2018）.『SDGsを学ぶ——国際開発・国際協力入門』法律文化社

野原慎司（2017）.『『アナリティカル・アプローチによる欲望思想の新角度からの研究——経済学基礎仮定の解明』報告書』科学研究費助成事業研究成果報告書

ハラリ，Y. N.／柴田裕之［訳］（2015）.『サピエンス全史——文明の構造と人類の幸福（上・下）』　河出書房新社（Harari, Y. N.（2014）. *Sapiens: A brief history of humankind*. Harvill Secker.）

宮澤賢治（1995）.「書簡No.488」『宮澤賢治全集 9 書簡』筑摩書房, pp.597–598.

United Nations（2015）. *Transforming our world: The 2030 agenda for sustainable development*. United Nations, p.37（国際連合／外務省［訳］（2015）.『我々の世界を変革する――持続可能な開発のための 2030 アジェンダ』外務省）

第 1 部

SDGs を取り巻く歴史と今

01 歴史からみた環境と経済開発

谷口謙次

> キーワード：環境史，発展経路，生存基盤確保型発展経路，森林伐採，化石燃料

1 はじめに

　SDGs（持続可能な開発目標）は，2015 年に国連で採択された『我々の世界を変革する——持続可能な開発のための 2030 アジェンダ』から始まった環境問題及び社会経済問題に対する包括的な取り組みである。SDGs では多くの環境問題や経済社会問題があげられているが，それはけっして列挙されているのではない。『2030 アジェンダ』の「宣言」部分第 14 パラグラフには以下のような記述がある。

> 天然資源の減少並びに，砂漠化，干ばつ，土壌悪化，淡水の欠乏及び生物多様性の喪失を含む環境の悪化による影響は，人類が直面する課題を増加し，悪化させる。我々の時代において，気候変動は最大の課題の一つであり，すべての国の持続可能な開発を達成するための能力に悪影響を及ぼす[1]。

　こうした環境問題が経済社会問題や持続的な開発に大きな影響を与えるという認識は非常に新しい考え方である。他方で，人間の経済活動や生活が環境に大きな影響を与えることは 19 世紀以降知られるようになったが，それが重要な問題として広く認識されたのは 1960 年代以降であった[2]。

1）外務省による仮訳（SDGs 部分の下訳は公益財団法人 地球環境戦略研究機関（IGES）による）は以下を参照〈https://www.mofa.go.jp/mofaj/files/000101402.pdf（最終確認日：2020 年 2 月 9 日）〉。
2）これらの認識がどのように形成され，SDGs へと結びついたのかは，本書第 2 章を参照。

　だが，過去にさかのぼってみると，経済活動や生活が環境に大きな影響を与えてきたことは世界各地で広くみられたことであった。とくに産業革命以降の経済開発による環境変動が飢餓や疫病，貧困などの経済社会問題を引き起こしたことも明らかになってきている[3]。

　本章では環境と人間の活動，とくに経済開発との関係を遠い過去までさかのぼって考えることとしよう。その際，手がかりとするのは環境史と発展経路という考え方である。

2 環境史とは何か

■ 2-1 環境史とは何か

　私たちは生まれた時から地球で暮らす。それはヒト（人類）が最初にアフリカで生まれた約500万年前から現代まで変わらない。私たち人間は地球環境に依存して生活を続けてきた。そして，人間の生活は地球環境に何かしらの影響を与え続けてきた。人間とそれを取り巻く地球環境との関係が長い時間どのように変化してきたのか，私たちは自然環境のなかで「どのように生活し，働き，考えてきたのか」（ヒューズ 2018），これらを考えることが環境史である。

　環境史があつかうテーマはさまざまである。ここでは，ヒューズ（2018）に依拠して大きく三つに分類しよう。第一は，人間の歴史に対して環境が与える影響である。人間に環境がおよぼしてきた影響としては，気候と気象，海面水位の変動，疫病，山火事，火山活動，洪水，動植物の分布と移動などがあげられる。これらを研究するとき，歴史研究者は自然科学の知識をもつか自然科学者の協力を必要とする。

　第二は，人間活動が環境に与える影響や変化，そしてその変化が人間活動にはね返り，再び人間に与える影響である。三つのテーマのうち，これはもっとも多くの研究が多いものである。人間活動にはさまざまなものが含まれる。狩猟・採集・漁業・牧畜・農業という基本的な生活手段から，村から大都市まで人間が集住することで生まれるさまざまな活動がある。また，技術や産業，戦争は環境にもっとも大きな影響を与えるものであり，時代が進むにつれてより洗練されて，エネルギーを

3）たとえば，脇村（2002）が明らかにしたのは，19世紀後半から20世紀初頭のイギリス領インドでは飢饉や疫病の流行がひん発したが，それは経済開発による環境の変化が大きな要因であったことであった。

より多く必要としてきた。18 世紀後半以降の産業革命とそれに続く工業化は化石燃料（石炭，石油，天然ガスなど）を利用して強力な効果をもつ機械を生み出した。人間の視点では肯定的・否定的両方の作用があったが，自然環境にも多くの変化を引き起こす。森林劣化・生物多様性の低下・砂漠化・塩害・汚染などである。近年では酸性雨や放射線物質による汚染，二酸化炭素などによる地球温暖化が新たに認められた。

　第三は，環境に関する人間の思想の歴史や環境に影響を与える行動に関する考え方・態度の歴史である。そこには自然に関する研究が含まれるのはもちろん，宗教・哲学・政治思想・文化などで人間が自然のさまざまな側面をどのように扱ってきたのかも重要である。つまり，人間の態度や考え方が環境にどのような影響を与えたのかを知ることも環境史の課題なのである。

■ 2-2　環境と経済の発展経路

　環境史を取り上げるとき，大きな問題が存在する。それは環境史のもっとも大きなテーマが人間活動の環境への影響であれば，人間の歴史が環境破壊の歴史にみえることである（斎藤 2014）。実際，本章でも第 3 節で農業について，第 4 節でエネルギーおよび工業化により生じたさまざまな時代や地域の環境問題について示すが，環境破壊の歴史しか示さないとしたら，環境史が示そうとする未来は悲観的なものなのだろうか。あるいは，もし産業革命に始まる工業化だけが発展の道筋（発展経路）であれば，工業化によって環境破壊が続いている限りその将来は悲観的になるのではないだろうか。

　しかし，人間の歴史は工業化へとまっすぐ発展していったわけではない。工業化が起こる以前，人間の生活で重要であったのは，単純に生産性を高めることではなく，安全（自然災害，疫病，外敵などから身を守ること）と食糧の確保であった。温帯地域，とくにヨーロッパと東アジアは比較的安定した自然環境であったため，しだいに生産性を重視する経済発展の道筋（発展経路）を取ることが可能になっていった。だが，熱帯地域[4]では安全と生産という二つのニーズを適切に組み合わせていたと考えられる。この道筋は環境との共生をより重視するものであった。ヨーロッ

4）本章における熱帯地域とは，ケッペンの気候区分による熱帯（熱帯雨林気候，熱帯モンスーン気候，サバナ気候）だけでなく，乾燥帯（砂漠気候，ステップ気候）も含んでいる（杉原 2010a）。

パや東アジアといった温帯地域が取った道筋を生産性志向型発展経路とよぶのなら
ば，熱帯地域が取ったそれは生存基盤確保型発展経路と呼べるだろう（杉原 2012a）。

第 5 節「第二次世界大戦後の経済成長——発展経路の違い」では，欧米と東アジ
ア，熱帯地域それぞれの発展経路について考えることにする。

3 農　業

ヒト（人類）は霊長類の一種だが，直立二足歩行を行い，特別大きな脳をもつ。約
500 万年前から 700 万年前にアフリカに最初に登場した時は，他の霊長類と同様に
熱帯雨林の森で生息していたが，次第に二足歩行により行動範囲を広げて，大きく
なった脳と自由になった腕で道具を作り出し，草原へ進出して狩猟を行うように
なった。ヒト（人類）は現代にいたるまでのほぼ大部分の時間を狩猟・採集によっ
て生活してきたのであった。

■3-1　前近代の農業

約 1 万年前に，人間は人口増加に対応するために集約的な農業生産を行うように
なった。しかし，農業は次の三点において環境に負荷をかける。第一は，土壌（土）
の栄養減少である。地表は自然のままであればさまざまな植物によって覆われてい
る。植物の下で活動するさまざまな生物の死骸や落ち葉などと砂などが混ざって土
壌が形成される。農業は土壌上の植物を取り除いて行われた。しかし，農業を行う
たびに土壌の栄養は急速に失われていき，肥料を加えないと不毛の土地となる。第
二は，土壌侵食である。農業は作物を一年の一時期しか行われず，残りの時期に土
壌は雨に流されたり，風に吹き飛ばされたりする。この結果，土壌は侵食されて，
植物が育たない砂や岩だけになってしまう（ポンティング 1994a）。

二つの要因によって農地の不毛化が進むと，人々は森林を伐採して新たな農地を
開墾する。土壌保全を行わなければ，不毛化→森林伐採→開墾→不毛化の悪循環は
続いていく。古代ギリシャではカシ・ナラ・マツ・レバノンスギといった多様な森
林が存在していたが，農地の開墾や薪・建材として森林伐採が広範囲に行われ，森
林は急速に失われた。紀元前 650 年ごろには土壌侵食によって石灰岩がむき出しの
はげ山があちこちでみられて，プラトンやヘロドトスといった当時の人々がすでに
環境破壊について多くの文章を書き残していた（ポンティング 1994a）。

第三は，乾燥地の塩害である。灌漑を行うと地面は十分な水分で満たされるため，

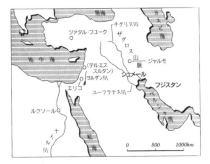

図1-1 メソポタミア文明 (ポンティング 1994a)

土壌に含まれている塩分がとけ出す。とけ出した塩分は水とともに地表に上がってくるが，乾燥地のため水は蒸発し塩分は固まり，地面が塩でおおわれてしまう。現在のイラクで世界最初に農業を行ったメソポタミア文明は複数の都市と発展した文化をもっていた（図1-1）。紀元前2000年ごろに発展した都市ウルクは2万5千人ほどの人口を有し，巨大な神殿が存在し織物や陶磁器を生産して，遠くエジプトと交易を行っていた。シュメール人（メソポタミア文明の人々）はチグリス川とユーフラテス川という二つの大河から水を得ていたが，地域全体は乾燥地帯であった。対策が行われないまま長年にわたり灌漑を行った結果，広範囲で塩害の被害が現れ，作物は全く育たなくなった。遺跡を調査した研究者たちは「土壌の塩分濃度が増したことがシュメール文明の崩壊に大きな役割を演じていることは疑いようがない」としている（ヒューズ 2004）。

中世から近世にかけて，農業技術の発展は人口増加に追いつかず，人々は常に飢餓に直面していた。気候は長期的にみると温暖化と寒冷化へと交互に変動した。温暖化の時期には耕作可能地域は北に拡大し人口は増加した。しかし，寒冷化になるとそれまでの耕作地は放棄され，飢饉や疫病が広がった（ポンティング 1994a）。15世紀半ばからの大航海時代にユーラシア大陸と南北アメリカ大陸が海路によって結びついた。アメリカ大陸からユーラシア大陸にもたらされたトウモロコシやジャガイモ，タバコなどはさまざまな地域の農業に大きな影響を与えた。たとえば，これらの作物は16世紀末には中国の山間部で生産されるようになった。山間部では木材や紙，タバコなどの手工品が生産される一方，食料としてトウモロコシやジャガイモが作付けされた。新たな作物により山間部の人々も安定した生活を得たはずだったが，18世紀末には森林伐採により土壌侵食が深刻なものとなり，作物は育た

たなくなったり洪水がひん発したりして人々の生活は不安定なものとなり，人々は山を降り荒れた山だけが残ることとなった（岸本 1998）。

■3-2　近代以降の農業

　19 世紀後半以降，二つの大きな変化が農業に影響を及ぼした。第一に，欧米諸国による植民地支配の確立と農地の拡大である。17 世紀のアメリカ大陸から始まった植民地化は 19 世紀にはアジア・アフリカ，さらにはオセアニアへと拡大した。アメリカ合衆国やカナダ，オーストラリアでは主に小麦やトウモロコシなどの穀物が生産され，アジア・アフリカでは砂糖，ゴム，藍，コーヒーなど輸出用商品作物が生産されて欧米に輸出された。1860 年から 1980 年までに約 8 億 ha もの農地が開墾された。1860 年からおよそ 100 年でアメリカ合衆国の農地面積は 2.5 倍，ロシア（ソ連時代を含む）は 4 倍，カナダは 8 倍，オーストラリアで 27 倍も増加した。これは汽船や汽車による輸出網の発展と冷蔵・冷凍技術の発達によるものであった。他方で，農地の多くが輸出用商品作物生産に向けられたため，アジア・アフリカの人々は食糧不足に苦しんだ。第二次世界大戦後多くの植民地は独立を果たしたが，20 世紀中もこの傾向は続いた（ポンティング 1994b）。

　第二に，農業の機械化・集約化，化学肥料の大量使用である。ガソリン・エンジン型トラクターが 1910 年代に登場し，アメリカでは 1920 年の約 25 万台から 1945 年には約 300 万台へと短期間で普及した。またコンバインや自動搾乳機も同時期に登場し，世界各地に広まった。同時に，先進国を中心に集約化が進み，農地が拡大したにもかかわらず農場数や農業従事者数は減少していった。少人数で広大な農場を管理するため，化学肥料や農薬が大量に使用されるようになった。第二次世界大戦以降アジア・アフリカでも食糧不足を解消するために集約化と化学肥料と農薬の大量利用が進められた（ポンティング 1994b）。

　しかし，農地の拡大と集約化，化学肥料の大量使用は自然を破壊していった。農地の拡大は森林伐採や草地の開拓，湿地の干拓によるものであったが，とくに深刻であったのは熱帯地域の熱帯雨林伐採であった。輸出用商品作物栽培のために熱帯雨林が大規模に伐採されたが，熱帯雨林では栄養の大部分は植物自体に蓄積されていて，土壌はやせている。そのため，農地とされてもすぐに土壌の栄養が失われて，放棄されてしまう。新たな伐採が行われる一方，放棄された土地は土壌侵食も起こり不毛な荒れ地となってしまう。耕地拡大のための森林伐採と土壌侵食は 19 世紀後半から現在も続いているのである（ポンティング 1994b）。

4 エネルギーと工業化

ヒト（人類）にとってエネルギーは必要不可欠である。歴史上の一日の住民一人当たりエネルギー消費量は，18世紀までで1万〜2万kcal，19世紀には7万kcal，20世紀には23万kcalと急増していった（ドロール・ワルテール 2007）。エネルギー需要は主に二つである。第一は，明かりと熱を得るためである。熱は主に暖を取るためと調理を行うためであったが，時代が下ると産業でも必要とされた。19世紀までのエネルギー源としては，薪やワラ，木くずや動物のフンを乾かしたものなどバイオマス・エネルギーとよばれるものであった。第二は，動力源のためである。移動はもとより農業や建設，工業でも必要とされたが，長い間エネルギー源は人力か家畜によるものであった。中世以降，風力や水力も重要な存在となった（ポンティング 1994b）。

前近代において重要なエネルギー源であった木は建設や造船，工業において大切な材料でもあった。かつては15世紀から18世紀までの間にヨーロッパや中国で広く森林伐採が行われて，深刻な木材不足が発生したと考えられてきた。しかし，最近の研究ではこれらの地域でも森林の保護・育成が積極的に行われ危機的な状況ではなかったことが明らかとなった。森林伐採が深刻になったのは19世紀以降であり，顕著だったのは先述した熱帯雨林においてであった（斎藤 2014；ラートカウ 2013）。

■4-1 第一次産業革命と石炭

18世紀後半以降イギリスで産業革命が起こり，経済の中心が農業から鉱工業へシフトする工業化が生じた。現代まで産業革命とよばれる大きな変化は何度か起こったが，そのなかでも環境に大きな影響を与えたのは，18世紀後半から19世紀前半までの第一次産業革命と19世紀後半から20世紀前半の第二次産業革命であった。

第一次産業革命の特徴は機械制生産と石炭の利用，そして蒸気機関の開発であった。機械化の中心は綿工業であったが，主に綿花から糸をつむぐ紡績工程と布を作る織布工程で進んでいった。たとえば，1760年代に作られたハーグリーブスによるジェニー紡績機は一人で最大十数本の糸をつむぐことができるようになり，さらに水力紡績機，ミュール紡績機と改良が進んで綿糸の生産は増加していった。他方で，織布工程では1785年に力織機が発明されて織布の生産も増加した（米倉 1999）。

イギリスでは石炭が豊富に存在したことから産業革命以前から主に熱源として利

用されてきた。だが，第一次産業革命によって需要は大きく高まった。第一の理由は工業への利用である。石炭は不純物が多いため，長い間利用が制限されてきたが，18世紀前半にダービー親子が石炭から不純物を取り除きコークスとする方法を開発した。コークスは主に製鉄業で利用され，これによって良質の鉄の大量生産がイギリス全土で行われて機械製造や鉄道建設を促すこととなった（米倉 1999）。

　第二の理由は蒸気機関の開発である。蒸気機関は石炭で熱された蒸気の熱を回転運動に変える仕組みであるが，その歴史は古く17世紀末に発明された。しかし，初期に制作された物は効率が悪く，鉱山での排水にしか利用されていなかった。これを革新的に改良したのがワットであった。彼の改良により蒸気機関は工場で広く利用されるようになっただけでなく，鉄道や汽船という新たな輸送機関を生み出すこととなった。1825年にイギリス初の鉄道が開通してわずか25年でイギリスの主要都市の大部分が鉄道で結ばれることとなった（奥西ほか 2010；長谷川 2012）。

　石炭の利用は19世紀から20世紀にかけて急増し，世界の生産量は1800年に約1千500万トンが，1860年には1億3千200万トンに，1900年ごろには7億トンと大幅に増加していったが，それは深刻な大気汚染を引き起こした（ポンティング 1994b）。イギリスでは1830年に自らも発明家であったジェームズ・ナスミスが，「煙突から排出される硫黄酸の蒸気によって，草は枯れて干からびてしまっていたし，すべての植物がぞっとするような灰色をしていた。それはもっとも悲しむべき形で，植物の枯死を象徴していた」と記していた（フォスター 2001）。また，アメリカでも1850年から1900年までにエネルギーとして石炭が中心となり，規制する法律が作られたにもかかわらず，1940年までどの都市でも煙が立ち込めていた（ヒューズ 2004）。

■4-2　第二次産業革命と石油

　1870年代から第一次世界大戦前の1910年代前半の間に産業革命は新たな段階に入ったが，これは第二次産業革命とよばれる。第一次産業革命がイギリスにおける綿工業などの軽工業中心であったのに対し，第二次産業革命はアメリカやドイツにおける鉄鋼業や化学工業，電機工業といった重工業中心であり，大量生産・大量消費という現代消費社会をもたらした。第二次産業革命の特徴は，内燃機関の開発・電気の利用・化学工業の発展であった。

　内燃機関（ガソリン・エンジン）は1880年代のドイツで発展した。当時さまざまなエンジンの自動車が開発されていたが，小型化と出力向上，始動の簡便さとガソ

リン価格の低さによってガソリン・エンジンが競争に勝利した。1910 年代にヘンリー・フォードが大量生産方式を採用した T 型フォードの成功により，自動車はアメリカで急速に広まることとなった。アメリカの自動車登録台数は 1900 年には 8 千台に過ぎなかったが，1910 年には約 45 万台，1920 年には約 800 万台，1930 年には約 2 千 300 万台と爆発的に増加したのであった（岡田 2000）。

　電気の研究は 19 世紀前半から急速に進んだが，電線と送電設備があれば石炭や石油よりもはるかに簡単に送り利用できることから，電気の利用は経済や社会のエネルギー利用を大きく変えた。ジェネラル・エレクトリック社はエジソンが設立した会社が競合他社と合併してできたが，ここは電球を作るだけでなく，発電機，送配電設備といった電力を作り出し家庭や工場まで送り届けるまでを担っていた。第一次世界大戦後の 1920 年代には冷蔵庫や洗濯機など家庭用電機製品も製造して電機製品を広めたのであった（奥西ほか 2010；岡田 2000）。

　19 世紀以降，化学工業は急速に発展し，さまざまなものを人工的に生み出すことが可能になった。代表的であったのは化学肥料であった。土壌の栄養分の中心はリンとチッソというミネラルであったが，これまでは家畜のフンなどを肥料にしていた。しかし，土壌を十分に回復させることはできなかった。イギリスのローズは 1842 年にリン鉱石からリン肥料を生産し，1909 年にはドイツのハーバーが空気中から窒素を取り出すことに成功した。化学肥料は成功し，第二次世界大戦後に世界中で使用されることとなった（マクニール 2011）。

　第二次産業革命の発展を後押ししたのは石油であった。1850 年代に石油の精製方法が発見され，1859 年にドレイクが石油採掘方法を生み出しペンシルベニア州で油田を掘り当てた。アメリカでは当初ランプ用として灯油の需要が高かったが，20 世紀に入ると自動車用ガソリンや発電用重油，機械用潤滑油と需要は拡大した。1930 年代に入ると航空機用燃料の需要も増加した。発電も 1880 年代から火力発電所が一般的となっていったが，当初は石炭であったものがしだいに石油や天然ガスに移っていった。

　20 世紀前半アメリカは自国で石油が産出するため石油中心の経済システムへ変化したが，工業国の多くはいまだ石炭に依存していた。それらの国では深刻な環境問題を抱える地域が現れた。ドイツのルール地方には世界最大規模の石炭層が地下に広がっていたため 19 世紀後半以降ドイツにおける製鉄の中心地域となり，ヨーロッパ中世最大の工業地帯となった。製鉄会社はドイツ政府に保護され，環境規制は全く存在しなかったため，もっとも大気汚染の深刻な地域となった。ドイツは第

一次世界大戦に敗北し，フランスやベルギーに多額の賠償金を支払わなければなら
なくなった。しかし，敗戦後の不況で支払いができなくなると両国はルール地方を
占領した。占領に抵抗するため同地方のほとんどの工場が操業を停止すると，空は
きれいになりその年の穀物収穫は 1.5 倍にも増加した。翌年占領が終了すると工場
は再開し，汚染は再び始まったのであった（マクニール 2011）。

5 第二次世界大戦後の経済成長：発展経路の違い

　第二次産業革命は現代消費社会をもたらすはずだった。実際，アメリカでは 1920
年代に自動車と家庭用電化製品（冷蔵庫・洗濯機など）が広まり，ラジオや映画館
の普及で音楽や映画，スポーツといった娯楽と余暇を楽しむことができた。しか
し，それは世界恐慌と第二次世界大戦によって後退せざるを得なくなった。第二次
世界大戦後，欧米と日本は急速な経済成長を経験し，大衆消費社会を実現すること
となった。世界人口も急速に増加し 2006 年には 65 億人を超えるまでになった（表
1-1）。しかし，それは同時に深刻かつ地球規模の環境問題を引き起こしたのであっ
た（マクニール 2011）。

　従来，20 世紀後半の世界経済は欧米を中心とする先進諸国（＝北側）と旧植民地
（あるいは半植民地）のアジア・アフリカ・中南米の発展途上国（＝南側）と位置づ

表 1-1　世界人口の地域別構成（杉原 2010b）

	1820 年		1950 年		2006 年	
西ヨーロッパ 12 カ国及び アメリカ	124,540	(12.0%)	409,337	(16.2%)	629,797	(9.6%)
東アジア	426,359	(40.9%)	651,716	(25.8%)	1,511,899	(23.1%)
その他の温帯地域（冷帯・寒帯 を含む）	117,732	(11.3%)	388,255	(15.3%)	666,280	(10.2%)
「温帯」計	668,631	(64.2%)	1,449,308	(57.3%)	2,807,976	(42.9%)
インド	209,000	(20.1%)	444,094	(17.6%)	1,427,634	(21.8%)
その他の熱帯地域（乾燥地帯を 含む）	164,077	(15.8%)	636,369	(25.2%)	2,314,006	(35.3%)
「熱帯」計	373,077	(35.8%)	1,080,463	(42.7%)	3,741,640	(57.1%)
総計	1,041,708	(100.0%)	2,529,771	(100.0%)	6,549,616	(100.0%)

注：「東アジア」はマディソンの定義ではなく，日本，韓国，北朝鮮，中国，モンゴルの 5 カ国，インドはパキ
　　スタン，バングラディシュを含む。「その他の温帯地域」は，ヨーロッパ（西ヨーロッパ 12 カ国を除く），
　　白人系入植地域（オーストラリア，ニュージーランド，カナダ），に，アルゼンチン，チリ，ウルグアイ，
　　ネパール，南アフリカ，スワジランドの 6 カ国を加えたもの。「その他の熱帯地域」は，ラテンアメリカ，
　　アジア（東アジア，インドを除く），アフリカ，ただし，「その他の温帯地域」に加えた 6 カ国を除く。本
　　文も参照。

け，豊かな北側と貧しい南側という南北格差を強調し，環境問題に関しても格差があると考えられてきた（ポンティング 1994b）。しかし，最近のアジア・アフリカ・中南米諸国の経済発展によって，新たな歴史像が示されるようになった。そのなかで，環境の違いによって発展経路が異なるという点を強調している議論がある。以下では，それらのうち杉原（2010a, 2010b）および杉原（2012a, 2012b）の議論に大きく依拠しながら，第二次世界大戦後の経済発展を考えてみよう。

■ 5-1　エネルギー・資源集約型工業と労働集約型工業

第 4 節「エネルギーと工業化」でみたように，欧米では産業革命が起こり急速な経済発展を経験することになったが，それは石炭や石油といった化石燃料を積極的に利用したものであった。19 世紀前半，アメリカはヨーロッパに比べると労働者が不足していた。そこでヨーロッパから移民を積極的に受け入れる一方，労働者不足を新技術の導入と大量のエネルギーおよび資源の使用によって補おうとした。鉄鋼業や化学工業のように大規模な工場が必要な産業を成長させ，広大な領土を行き来できる鉄道や汽船などを積極的に活用していった。エネルギーや資源を大量に使用し大規模な工場で製品を大量に製造して，人々に安く提供する工業の形式をエネルギー・資源集約型工業とよぼう。エネルギー・資源集約型工業を背景にする現代消費社会はアメリカの環境が生み出した側面があった。

他方，日本や中国などの東アジアは 19 世紀後半に欧米から技術や制度を導入して工業化を開始したが，江戸時代や明清期に田畑の開墾が全国規模で行われたため，工業化が始まったころには土地が少ない状態であった。また，資源やエネルギーもアメリカやヨーロッパと比べると十分に産出しない状態であった。逆に，人口は多く労働者が豊富に存在したため中小規模の工場に多くの人を集めて工業を行うようになった。多数の労働者を積極的に活用して工業を行う形式，つまり労働集約型工業は綿工業（綿糸や綿布の生産）や雑貨工業に適しており，日本や中国は綿糸や綿布などの輸出をまずは経済発展のエンジンとしたのであった。

20 世紀前半のアメリカの成功は，第二次世界大戦後に世界の手本とみなされ，エネルギー・資源集約型工業が広がることとなった。だが，エネルギー・資源集約型工業は莫大な資金が必要であったため，アジア・アフリカの発展途上国に適していなかった。そのなかで日本は冷戦の影響もありアメリカと同盟関係を形成したが，経済的にも分業関係を結ぶこととなった。つまり，日本は重工業のなかでも労働集約型工業に特化しつつ，欧米の先端技術を導入するということであった。

こうして，アメリカはよりエネルギー・資源集約型工業へ特化し，日本は労働集約型工業に向かったが，冷戦が終結する 1990 年代に入ると日本にならって東アジア諸国や東南アジア諸国も労働集約型工業に特化することで経済発展を実現していった。

■ 5-2　生存基盤確保型発展経路：熱帯地域における発展の道筋と課題

　表 1-1 が示すように，現在熱帯地域では世界人口の約半分が生活しているが，決して欧米や東アジアと同じ発展経路をたどってきたわけではなかった。熱帯地域は欧米や東アジアが属する温帯に比べると環境が不安定であった。多くの地域で雨季と乾季があり，降雨が季節で大きく偏ってしまう。しかもわずかな降雨時期の変化で作物が簡単に不作になり，食糧不足が起こってしまう。さらに，気温が相対的に高く湿度も高い地域が多いことから感染症が流行しやすい環境でもあった。

　不安定な環境でありながら，熱帯地域の人口増加は必ずしも新しいことではなかった。たとえば，インドは 16 世紀には中国と並ぶ人口が多い地域であり，現代まで世界人口の約 20% 前後で推移してきた。この状況は不安定な環境を向き合いながら食料や水，バイオマス・エネルギーを維持する生活様式や経済・社会構造を形成してきたことによるものであった。熱帯地域で広くみられた生存基盤を確保することを第一とする発展経路を「生存基盤確保型発展経路」とよぶことができる。

　19 世紀に入ると，欧米での一次産品需要の高まりによって熱帯地域の経済も大きく変化した。アヘンや綿花，砂糖やジュート（黄麻）といった輸出用商品作物栽培が拡大し，耕地が急速に拡大した。また，内陸の栽培地域と海港を結ぶ道路や鉄道も建設された。表 1-2 が示すように，これらは大規模な耕地拡大・森林伐採を生じさせる結果となった。現地の農民は現金を獲得できるようになり，人口増加をもたらすこととなった。都市も建設されるようになるが，欧米人や西洋化した現地人が多く住むため欧米式のエネルギー・資源消費型社会が形成された。しかし，地域の大部分は生存基盤確保型社会であり，住民は薪や枯れ草などバイオマス・エネルギーに依存していた。

　第二次世界大戦後，熱帯地域のほとんどが独立を果たしたが，その多くは「開発主義」をかかげて工業化と経済開発を行った。化石燃料が流入して現地の人々も利用可能になったが，多くの人々には依然バイオマス・エネルギーが重要な役割を果たしていた。化石燃料の流入はエネルギーや資源の分配を調整する社会構造を破壊し，市場メカニズムが取って代わることとなった。その結果，表 1-3 が示すように

熱帯地域での森林減少が拡大した。たとえば，1979年のアジアにおける森林伐採の88％が薪と炭のためであり商業目的ではなかった。減少が深刻であったのはインドであり，バングラデシュやタイ，インドネシアの一部でも大きな影響がみられたのであった。

　熱帯地域では不安定な環境のなかで人々は生活を維持するための発展経路，生存基盤確保型発展経路を取ってきた。しかし，近代以降欧米からエネルギー・資源消

表 1-2　耕地・森林・草地の地域別構成 （単位：百万 ha，杉原 （2010b））

	耕地					森林					草地・牧草地				
	1700	1850	1920	1950	1980	1700	1850	1920	1950	1980	1700	1850	1920	1950	1980
熱帯アフリカ	44	57	88	136	222	1,358	1,336	1,275	1,188	1,074	1,052	1,061	1,091	1,130	1,158
北アフリカ・中東	20	27	43	66	107	38	34	27	18	14	1,123	1,119	1,112	1,097	1,060
南アジア	53	71	98	136	210	335	317	289	251	180	189	189	190	190	187
東南アジア	4	7	21	35	55	253	252	247	242	235	125	123	114	105	92
ラテンアメリカ	7	18	45	87	142	1,445	1,420	1,369	1,273	1,151	608	621	646	700	767
熱帯地域計	128	180	295	460	736	3,429	3,359	3,207	2,972	2,654	3,097	3,113	3,153	3,222	3,264
北アメリカ	3	50	179	206	203	1,106	971	944	939	942	915	914	811	789	790
中国	29	75	95	108	134	135	96	79	69	58	951	944	941	938	923
ヨーロッパ	67	132	147	152	137	230	205	200	199	212	190	150	139	136	138
ソ連	33	94	178	216	233	1,138	1,067	987	952	941	1,068	1,078	1,074	1,070	1,065
太平洋その他諸国	5	6	19	28	58	267	267	261	258	246	639	638	630	625	608
温帯地域計	137	357	618	710	765	2,786	2,606	2,471	2,417	2,399	3,763	3,724	3,595	3,558	3,524
総計	265	537	913	1,170	1,501	6,215	5,965	5,678	5,389	5,053	6,860	6,837	6,748	6,780	6,788

表 1-3　森林面積の地域別構成 （単位：百万 ha，杉原 （2012b））

	1700	1850	1920	1950	1980	1990	2000	2010
熱帯アフリカ	1,358	1,336	1,275	1,188	1,074	731	690	656
北アフリカ・中東	38	34	27	18	14	32	33	34
南アジア	335	317	289	251	180	70	71	73
東南アジア	253	252	247	242	235	247	223	214
ラテンアメリカ	1,445	1,420	1,369	1,273	1,151	997	950	908
熱帯地域　合計	3,429	3,359	3,207	2,972	2,654	2,079	1,968	1,886
北アメリカ	1,106	971	944	939	942	606	610	614
中国	135	96	79	69	58	157	177	207
ヨーロッパ	230	205	200	199	212	163	171	177
ソ連	1,138	1,067	987	952	941	842	843	844
太平洋その他諸国	267	267	261	258	246	238	236	229
その他						82	79	76
温帯地域　合計	2,786	2,606	2,471	2,417	2,399	2,090	2,117	2,147
総計	6,215	5,965	5,678	5,389	5,053	4,168	4,085	4,033

注：1980年までのリチャーズの推計における地域区分を踏襲しつつ，*Global Forest Resources Assessment* 所蔵の1990年以降のデータを整理した。ただし，熱帯と温帯に区分するため，アフリカ，ラテンアメリカの南部と中央アジアの計9カ国（南アフリカ，スワジランド，チリ，アルゼンチン，ウルグアイ，アフガニスタン，ネパール，ブータン，モンゴル）を，温帯地域の「その他」欄に移動した。
　1980年までについてはこの変更はできないので，二つのデータには断絶がある。
　太平洋の先進諸国は，オセアニア諸国，日本，韓国，北朝鮮の計。

費型社会が流入し，生存基盤確保型社会は変容した。熱帯地域の発展途上国の多くでは，都市や人口増加によりバイオマス・エネルギーへの依存を維持しつつ，不足分を化石資源の形で外国から購入せざるをえなかった。外貨獲得のために輸出産品を獲得しようと，耕地の拡大や森林の減少が少なからず生じた。これらの結果，化石資源化は発展途上国の環境に大きな負荷をかけることになったのだ。

6 おわりに

　生存基盤確保型発展経路の議論は SDGs とどのような関係があるのだろうか。杉原（2010a）によれば，「生存基盤」論の背景には一人当たり所得，教育，健康などの「人間開発」に加えて，生存のための環境（大地，空気，水など）や化石資源を供給し，時に災害によって人々を脅かす「地球圏」，生物多様性や生態系の持続性への考慮を人類に求める「生命圏」の二つの圏を視野に入れた「生存圏」の概念があるとしている。ここで示された多くの概念は SDGs の文言にも含まれていることから，生存基盤確保型発展経路と SDGs には親和性があるといえるだろう。「人類は地球環境の持続性を維持できるような生存基盤をどのように作っていけばよいのか」（杉原 2010a）という言葉は SDGs の取り組みが目指すものと方向性は同じといえるのではないか。

　環境と経済開発をめぐる歴史的視座は，時に環境破壊の歩みをみせるが，時に未来への可能性も示している。過去を顧み，未来へつなぐことは歴史学に常に求められる課題であるが，それは SDGs が示す課題についても必要とされることであろう。

読書案内

①上田　信（2002）．『トラが語る中国史──エコロジカル・ヒストリーの可能性』山川出版社

「私たちが追いつめられてきたプロセスを人の立場からみれば開発の歴史，しかし，トラの立場からみれば環境破壊の歴史となる」。トラが語る形式で，中国の環境変動と人間活動の関係を歴史的にひも解いた 1 冊。中国史研究者が専門的な文献資料は元より，フィールドワークや数量データを駆使し，トラのみならずさまざまな動植物の生態史を描いた，環境史入門の良書。

②ヒューズ, J. D. ／村山　聡・中村博子 [訳] (2018). 『環境史入門』岩波書店
環境史とは何か。何を扱い，何を示そうとしているのか。関心が高まり，多く
の研究が出されている新たな分野についての最新の入門書。環境史の考え方
や扱う主題（環境の変化，人間からの影響，環境をめぐる考え方など），多く
の学問分野との関連やさまざまな地域における研究など環境史の基本的知識
が詰め込まれた 1 冊。初学者はもちろん，環境史に関心をもつ研究者にも最適。

③杉原　薫・脇村孝平・藤田幸一・田辺明生 [編] (2012). 『歴史のなかの熱
　　帯生存圏——温帯パラダイムを超えて　講座 生存基盤論　第 1 巻』京都大
　　学学術出版会
世界人口の約半分が生活し，発展途上国の多い地域，アジア・アフリカの熱帯
地域の「生存基盤」とは何か。さらには，地球環境の持続性を維持するための
「生存基盤」とは何か。「生産から生存へ」「温帯から熱帯へ」というパラダイ
ム転換から人類の持続可能性を探るシリーズの第一巻。本書では，歴史的視点
から「生存基盤」及び「生存基盤確保型発展経路」について多くの論者が多様
な地域，手法，学問分野から考察している。「生存基盤確保型発展経路」を知
るための貴重な 1 冊。

【引用・参考文献】
岡田泰男（2000）．『アメリカ経済史』慶応義塾大学出版会
奥西孝至・鴋澤　歩・堀田隆司・山本千映（2010）．『西洋経済史』有斐閣
岸本美緒（1998）．『東アジアの「近世」』山川出版社
斎藤　修（2014）．『環境の経済史——森林・市場・国家』岩波書店
杉原　薫（2010a）．「持続型生存基盤パラダイムとは何か」杉原　薫・川井秀一・河野泰
　　之・田辺明生 [編著]『地球圏・生命圏・人間圏——持続的な生存基盤を求めて』京
　　都大学学術出版会, pp.1–22.
杉原　薫（2010b）．「グローバル・ヒストリーと複数発展経路」杉原　薫・川井秀一・河
　　野泰之・田辺明生 [編著]『地球圏・生命圏・人間圏——持続的な生存基盤を求めて』
　　京都大学学術出版会, pp.27–59.
杉原　薫（2012a）．「熱帯生存圏の歴史的射程」杉原　薫・脇村孝平・藤田幸一・田辺明
　　生 [編]『歴史のなかの熱帯生存圏——温帯パラダイムを超えて　講座 生存基盤論
　　第 1 巻』京都大学学術出版会, pp.1–28.
杉原　薫（2012b）．「「化石資源世界経済」の興隆とバイオマス社会の再編」杉原　薫・
　　脇村孝平・藤田幸一・田辺明生 [編]『歴史のなかの熱帯生存圏——温帯パラダイム

第
1
部

第
2
部

第
3
部

を超えて　講座 生存基盤論　第 1 巻』京都大学学術出版会，pp.149–184.

ドロール, R.・ワルテール, F. ／桃木暁子・門脇　仁［訳］(2007)．『環境の歴史──ヨーロッパ，原初から現代まで』みすず書房

長谷川貴彦 (2012)．『産業革命』山川出版社

ヒューズ, J. D. ／奥田暁子・あべのぞみ［訳］(2004)．『世界の環境の歴史──生命共同体における人間の役割』明石書店

ヒューズ, J. D. ／村山　聡・中村博子［訳］(2018)．『環境史入門』岩波書店

フォスター, J. B. ／渡辺景子［訳］(2001)．『破壊されゆく地球──エコロジーの経済史』こぶし書房

ポンティング, C. ／石　弘之・京都大学環境史研究会［訳］(1994a)．『緑の世界史（上）』朝日新聞社

ポンティング, C. ／石　弘之・京都大学環境史研究会［訳］(1994b)．『緑の世界史（下）』朝日新聞社

マクニール, J. R. ／海津正倫・溝口常俊［監訳］(2011)．『20 世紀環境史』名古屋大学出版会

米倉誠一郎 (1999)．『経営革命の構造』岩波書店

ラートカウ, J. ／山縣光晶［訳］(2013)．『木材と文明』築地書館

脇村孝平 (2002)．『飢饉・疫病・植民地統治──開発の中の英領インド』名古屋大学出版会

02 SDGsの来た道

相川 泰

> キーワード：MDGs, 地球サミット, 大西洋憲章, 公害, 文化, 持続可能な開発

1 はじめに

　SDGs（持続可能な開発目標）は地域や企業，個人でも身近なところから取り組むことができるが，それを決めたのは国連（国際連合）総会，つまり国際社会である。SDGsとは Sustainable Development Goals の頭文字および複数形を示す末尾の s であり，「持続可能な開発目標」と訳される[1]が，それは2015年の国連総会で採択された『我々の世界を変革する──持続可能な開発のための2030アジェンダ』[2]のなかにあるものである。ではなぜ，国際社会は2015年にこのような名前の目標を決めたのか。そこには，19世紀に起源をもち，20世紀に急速に発展した，国際社会の環境問題および経済社会問題に対する取り組みの積み重ねがある。

---

1) 「持続可能な開発」には「持続可能な発展」「維持可能な〜」などの訳もある。とくに「発展」と「開発」は，英語では"develop"（派生形や派生語を含む）という単一の語に，日本語ではニュアンスが異なる二つの訳語があるため，訳者や文脈，語感，気分などで，しばしば十分に統一されないまま併記されることがある。しかし，SDGsについては「持続可能な開発目標」以外の訳は，あまりみられない。

2) 外務省による仮訳（SDGs部分の下訳は公益財団法人 地球環境戦略研究機関（IGES）による）は下記参照〈https://www.mofa.go.jp/mofaj/files/000101402.pdf（最終確認日：2020年2月9日）〉。
　なお，日本国憲法第98条第2項との関係から，日本語で正文が作成され批准された国際条約はそのまま，それ以外で国会が批准した条約は公定訳文が確定し，それぞれ日本国内で法律と同様の効力をもつ文書として扱われる。しかし，それら以外の国際文書はそうした効力をもたないため，政府機関が訳しても「仮訳」と位置づけられる。

　まず，直前の時期には国連によって西暦 2000 年という節目の年（ミレニアム）から 15 年間，ミレニアム開発目標（MDGs）[3] という SDGs の前身となる取り組みがなされていた。それと無関係ではないながらも別の動きとして，やはり国連が 2012 年にリオデジャネイロで開いた持続可能な開発会議（UNCSD）の準備段階で SDGs を策定する提案がなされ，会議本番で合意された。ここから一時的に，2015 年の MDGs 期限後に向けて第 2 期の MDGs を策定する動きと，それに SDGs を少なくとも整合的に，できれば統合して策定する動きとが並行し，結局は統合した形で SDGs が策定された。

　これをより長期的な視野でみると，環境問題と，貧困問題や人権侵害の解決をはじめとする経済社会問題という，密接に関連しつつ別個になされていた国際社会の取り組みの融合ということになる。以下，これらそれぞれについて来歴を簡単に振り返る。

2　MDGs と SDGs の目標比較

　西暦 2000 年は，多重債務国の債務を帳消しにする運動（ジュビリー 2000）の目標年とされ，実際に先進国政府もこれに呼応した。それにとどまらず，国連総会で国連ミレニアム宣言[4] が出され，これに基づいて 2015 年を期限とする MDGs が設定された。

　国連ミレニアム宣言は全 8 部分のうち第 4 部分が「共有の環境の保護」で，1992 年の国連環境開発会議（UNCED，地球サミット）および「持続可能な開発の原則」にも言及している。前記した UNCSD は，同じリオデジャネイロで開かれた地球サミットの 20 周年の会議（リオ + 20）として開かれたものである。さらに MDGs でも全 8 目標中の目標 7 が「環境の持続可能性の確保」となっている。他方，SDGs の出発点となった UNCSD= リオ + 20 の成果文書「我々が望む未来」[5] も全 283 段落のうち冒頭近い第 5 段落で MDGs を再確認し，SDGs の策定について述べている第 245–251 段

3）国連広報センターによる邦訳は下記参照〈https://www.unic.or.jp/activities/economic_social_development/sustainable_development/2030agenda/global_action/mdgs/（最終確認日：2019 年 12 月 24 日）〉

4）外務省による仮訳は下記参照〈https://www.mofa.go.jp/mofaj/kaidan/kiroku/s_mori/arc_00/m_summit/sengen.html（最終確認日：2019 年 12 月 24 日）〉

5）環境省による仮訳は三菱総合研究所による下記参照。〈https://www.mri.co.jp/project_related/rio20/uploadfiles/rio20_seika_yaku.pdf（最終確認日：2019 年 9 月 5 日）〉

落のうち最初の第245段落でMDGsの有用性を強調し達成への断固たる決意を改め
て示したうえ，第246段落でSDGsが（MDGsの後継目標を意味する）「2015年以降の
国連開発アジェンダと整合的であると同時に同アジェンダへ統合されるべき」と述べ，
第249段落でも整合的である必要性に再度言及している。このように，MDGsと環
境・持続可能性・SDGs策定の議論は相互に絡み合う部分がある。

　とはいえ，「ポストMDGs」「ポスト2015」「MDGs-2」などとよばれたMDGsの第
2期（2015年より後）についてはリオ + 20の前から準備が進んでいたし，むしろそ
の閉会直後の2012年7月から2013年にかけて議論が加速し本格化した（高柳・大橋
2018）。その立場からすれば，SDGsがそれと整合的になるのはまだしも，統合して
策定しなければならないという話にはとまどいがあったであろう。しかし，結果と
して「ポスト2015」がSDGsとなった要因として，MDGsが先進国と一部の国連職
員によってまとめられたことに対する批判や反発があったから，と指摘されている
（同上）。それとともに，SDGsが「誰一人取り残さない」を理念として掲げているの
も，MDGsの実践と結果（SDGs策定段階では見通し）をふまえたものである[6]。

　実際に，MDGsの8目標とSDGsの17目標を見比べると，MDGs目標の細分化
もあるものの逆に統合もあるうえ，増えたのと同数の9目標は目標7の細分化と理
解可能である（表2-1）[7]。目標10は，MDGsの時期に国際格差が縮小する一方で国
内格差が拡大したことへの問題意識がピケティ（2014）などによって広まった背景
とともに，MDGsの策定に途上国が加わらなかったことへの批判と反省も反映され
たものとみられる。また，目標16は，やはりMDGsの時期に2001年9月11日の
同時多発テロ事件に端を発しテロとそれに対する戦争など暴力の連鎖が激化したこ
と，他方で「環境に関する，情報へのアクセス，意思決定における市民参加，司法
へのアクセスに関する条約」（オーフス条約）などにより情報公開や政策決定への参
加への認識が高まったなどの背景とともに，これもMDGs策定が閉鎖的な場で策
定されたことへの批判と反省を反映したものとも読める。ちなみにオーフス条約は
欧州で結ばれ，中央アジアなど他地域にも拡大しているものの，それ以外の諸国の
対応は遅れており，日本国内では参加ないし東アジアでの同様の条約の必要性を主

6）蟹江（2018）参照。なお，同文及びその掲載書では「誰一人取り残さない」を「誰も置
　き去りにしない」と訳している。
7）SDGs目標がMDGsのそれとどう対応しているかは，しばしば開発教育や環境教育の教
　材にもされているように，決まった正解が確立しているものではない。ここで示したの
　も，一つの考え方ないし解釈に過ぎない。

表2-1　SDGs目標とMDGs8目標の対応関係

SDGs目標			MDGs目標	
	アイコン標語	目標		
目標1	貧困をなくそう	あらゆる場所のあらゆる形態の貧困を終わらせる	目標1	極度の貧困と飢饉の撲滅
目標2	飢饉をゼロに	飢餓を終わらせ，食料安全保障及び栄養改善を実現し，持続可能な農業を促進する		
目標3	すべての人に健康と福祉を	あらゆる年齢のすべての人々の健康的な生活を確保し，福祉を促進する	目標4	幼児死亡率の引き下げ
			目標5	妊産婦の健康状態の改善
			目標6	HIV／エイズ，マラリア，その他の疫病の蔓延防止
目標4	質の高い教育をみんなに	すべての人々への包摂的かつ公正な質の高い教育を提供し，生涯学習の機会を促進する	目標2	普遍的な初等教育の達成
目標5	ジェンダー平等を実現しよう	ジェンダー平等を達成し，すべての女性及び女児の能力強化を行う	目標3	ジェンダーの平等の推進と女性の地位向上
目標6	安全な水とトイレを世界中に	すべての人々の水と衛生の利用可能性と持続可能な管理を確保する	目標7	環境の持続可能性の確保
目標7	エネルギーをみんなに　そしてクリーンに	すべての人々の，安価かつ信頼できる持続可能な近代的エネルギーへのアクセスを確保する		
目標8	働きがいも　経済成長も	包摂的かつ持続可能な経済成長およびすべての人々の完全かつ生産的な雇用と働きがいのある人間らしい雇用（ディーセント・ワーク）を促進する		
目標9	産業と技術革新の基盤をつくろう	強靱（レジリエント）なインフラ構築，包摂的かつ持続可能な産業化の促進およびイノベーションの推進を図る		
目標10	人や国の不平等をなくそう	各国内および各国間の不平等を是正する		該当なし
目標11	住み続けられるまちづくりを	包摂的で安全かつ強靱（レジリエント）で持続可能な都市および人間居住を実現する		
目標12	つくる責任　つかう責任	持続可能な生産消費形態を確保する		
目標13	気候変動に具体的な対策を	気候変動およびその影響を軽減するための緊急対策を講じる		
目標14	海の豊かさを守ろう	持続可能な開発のために海洋・海洋資源を保全し，持続可能な形で利用する	目標7	環境の持続可能性の確保
目標15	陸の豊かさも守ろう	陸域生態系の保護，回復，持続可能な利用の推進，持続可能な森林の経営，砂漠化への対処，ならびに土地の劣化の阻止・回復及び生物多様性の損失を阻止する		
目標16	平和と公正をすべての人に	持続可能な開発のための平和で包摂的な社会を促進し，すべての人々に司法へのアクセスを提供し，あらゆるレベルにおいて効果的で説明責任のある包摂的な制度を構築する		該当なし
目標17	パートナーシップで目標を達成しよう	持続可能な開発のための実施手段を強化し，グローバル・パートナーシップを活性化する	目標8	開発のためのグローバル・パートナーシップの構築

張する運動が展開されている[8]。この目標や，それが入った経緯は，SDGsが一方的に押し付けられたものではなく，人々の参加や要望によって修正・改善される可能性があることを示している。

MDGsでもSDGsでも，さらに目標を具体化したターゲットと指標も定められている。MDGsには21ターゲット，60指標しかなかったが，SDGsには169ものターゲット，232もの指標がおかれている。策定時には目標が多すぎるため，減らすべきであるとの議論があった（高柳・大橋2018）が，今ではむしろ，SDGsに18番目の目標を置くとしたら，とか，文化など特定の何かを＋1として入れるべき，といった議論もしばしば聞かれるようになっている。

以上のように，SDGsではMDGsと比べ，取り組み対象が主に途上国から先進国にも広がり，環境はじめSD（持続可能な開発）関連の目標も大幅に増加している。それは，SDGsが単なるMDGsの後継ではなく，リオ＋20での合意通り，環境をはじめとする持続可能性の文脈との統合ないし融合[9]として策定された結果である。

3 国際社会の発展と開発問題

SDGsは国際社会が環境問題をはじめとする経済社会の目標を包括的に共有し，協力して取り組むことを目指すものである。この前提にある，国際社会が経済社会全般の問題に協力して取り組まなければならない，という考え方それ自体，第二次世界大戦の過程で国際社会に共有された，まだ80年程度の歴史しかないものである。

国際社会そのものは15世紀から17世紀にかけて[10]西欧で発生し20世紀初頭までに地球規模に拡大したものだが，19世紀の前半にいくつか変化があった。その一つが多数国間条約による共通関心事項の共同処理のために国際的な常設的事務局（委員会）が設置されるようになったことである。19世紀前半にライン川，ドナウ川などの国際河川ごとに設置された国際河川委員会がその最初のもので，19世紀後

8) オーフス条約を日本で実現するNGOネットワークのウェブサイト参照〈http://www.aarhusjapan.org/（最終確認日：2019年12月24日）〉。
9) 高柳・大橋（2018），今田克司氏が2018年12月15日に行った講演「市民の力でSDGsを活用する」などによる。
10) 伝統的には，1648年のウェストファリア条約により主権国家体制が確立された，と説明されてきたが，近年ではその過程はより緩慢であったとする見方が有力になっている。とはいえ，複数の平等な主権国家から成る国際社会体制は，今も象徴的にウェストファリア体制とよばれることが多い。

半には電信・郵便・鉄道などの国際行政連合とよばれるものも相次いで設置された。これらは後の国際機関の原型となった。さらに第一次世界大戦後には，加盟国から独立し，総会，理事会，事務局といった機関ももつ組織体として，国際連盟と ILO（国際労働機関）が発足した（横田 2001）。後者は労働問題に限れば，第二次世界大戦より前の第一次世界大戦後の時点で国際社会が経済社会問題に取り組む必要が認識され，実行されたことを示している。

　しかし，SDGs につながる国際社会の経済社会問題への取り組みの原点となったのは大西洋憲章である。欧州ではすでに第二次世界大戦が開戦し，アジア・太平洋では日中戦争が泥沼化する一方，日米関係は険悪化しつつ開戦に至っていなかった 1941 年夏，すでに戦争当事国となっていた英国の首相チャーチルと，なお中立を保っていた米国の大統領ルーズベルトは，戦後世界の構想を大西洋憲章として示した。それは，戦争の背景のもと，戦う目的が領土の拡大になく平和の確立にあるといった正当性の主張だけでなく，中小国や植民地をも自国側に引き寄せたい思惑を背景として，国際的な経済社会問題に取り組む姿勢をも表明していた。憲章全 8 か条のうち経済社会問題に関するものは，4 条目で「一切（すべて）の国が，その経済的繁栄に必要なる世界の通商および原料の均等条件における利用を享有することを促進する」，5 条目で「改善せられたる労働基準，経済的向上および社会的安全を一切の国のために確保するため，右（上記）一切の国の間に経済的分野において完全なる協力を生ぜしめん」，6 条目で「一切の国の一切の人類が恐怖および欠乏より解放せられ，その生を全うするを得ることを確実ならしむべき」[11] と，3 か条にわたっている。ここには，英米両国が基本的に自由貿易を主張し支持する伝統をもちながら，1929 年の世界大恐慌後，両国および仏国がそれぞれ実質的に自国通貨圏ごとのブロック経済に閉じこもり，結果的に日独伊 3 国を含む他国を貿易圏からはじき出す状態になったことが，目下の戦争の経済的な原因となったことへの反省も反映されている。

　とりわけ，6 条目の「一切の国の一切の人類が……」という表現は，SDGs の「誰一人取り残さない」理念に通じている。ただし，大西洋憲章は目下の戦争が終わった後への長期的な決意表明であったのに対し，SDGs の場合は前身の MDGs の経験

11）国立国会図書館による下記参照。なお，カタカナ及び一部の漢字をひらがな書きにし，句読点や濁点を補記し（）による注記を加えるなど，適宜，表記は改めた〈https://www.ndl.go.jp/constitution/etc/j07.html（最終確認日：2019 年 12 月 24 日）〉。

と反省を踏まえた，より切実な目標設定である，という違いはある[12]。これは，たとえるなら，同じ「0点はとらない」という言葉でも，小学校進学前の幼児が言うのと，定期試験のきびしさを知る高校生が言うのでは説得力が異なるのと似ている。また，ここにある「恐怖」は（当時のファシズムを念頭においた）人権侵害，「欠乏」は貧困のことと理解されよう。

　この憲章が発表された年の12月に日本[13]とも戦争になり，それから間もない1942年元日，英米両国と同じ陣営で戦う諸国は連合国共同宣言を発して大西洋憲章に賛同を示すとともに，連合国（United Nations）を名乗った。1944年秋にはダンバートン・オークス会議が開かれた結果，集団安全保障とともに経済社会問題への取り組みも2本柱の一つとする国際機関の設立が提唱された（ダンバートン・オークス提案）。これを受けて終戦直後の1945年10月に発足したのが，国際連合（英語では連合国と同名の United Nations, 国連）であり，上記2本柱は，国連組織に当初から安全保障理事会とともに経済社会理事会もおかれていることから確認可能である。

　第二次世界大戦の終戦から1960年代にかけてアジア，アフリカ，太平洋の諸国の大部分が独立を果たした。これら諸地域の国々は19世紀のうちに独立していた中南米諸国とともに，欧米先進国と比べ，相対的に経済開発（発展）[14]が遅れ，発展途上国に位置づけられた。独立当初から国連加盟国となったこうした諸国の増加は，それらに共通する課題である貧困の克服や工業化といった「開発」[15]を国際社会に重視させた。そこには，冷戦の時代背景のもと，先進諸国による，発展途上諸国を敵対陣営に加わらせたくないという思惑も働いた[16]。そうした背景から，米国ケネディ政権の提唱により1961年から国連は「開発の（ための）10年」に取り組み，その後も継承されて少なくとも4次にわたり，2000年までは続けられた。また，理論面からもロストウが，どこの国も，欧米先進国と同じような科学技術を導入し，生産の軸足を農業から工業に移すことで大幅な経済発展ができるとする近代化論を提唱した。

12）この一文のうち，SDGsの場合についての解釈は，蟹江（2018）を参考にした。
13）第二次世界大戦の主な参戦国で，英国と米国が大西洋憲章を出した後で，両国ともに対して戦争を挑む形となったのは日本のみである。
14）注1参照。
15）その具体的意味内容は，時期によって変っている，と飯田（2007）は指摘する。高島（1995）も参照。
16）飯田（2007）参照。

　しかし，アジアやアフリカ，中南米の大部分の国々は貧困や低開発にあえぎ，1970 年代には先進国と発展途上国の対立は，当時の東西冷戦との対比もあって「南北問題」とよばれるほど深刻化した。理論的にも，途上国（周辺）は先進国（中心）によって弱い立場におかれているためその状態から脱することは困難だとする従属論が唱えられ，近代化論を批判した。さらに，ガルトゥングは，1970 年代にアフリカで深刻化した飢餓や疾病を念頭に，世界全体としては食糧も医療も十分あるのに，それが経済を含む社会の仕組みで行き届かないことで生命や健康が損なわれているのだとすれば，それは戦争のような直接的な暴力ではないにしても，一種の間接的な暴力こと構造的暴力である，と喝破した。なお，SDGs のターゲット 16.1 にある「あらゆる形態の暴力をなくす」は，ガルトゥングのいう意味での暴力まで含むかどうかで，かなり解釈の幅が変わってしまう。もっとも，むしろ SDGs 全体がガルトゥングの問題意識にあった諸問題の個別具体的な解消をめざすものになっている事実の方が重要ではある。

　ともあれ，従属論やガルトゥングの問題提起も空しく 1980 年代は中南米やアフリカの大部分で開発問題の改善がみられず「失われた 10 年」[17] とよばれた [18]。

　1980 年代末に冷戦が終結するとともに，国際社会は「地球規模の問題」に取り組むことが可能になったと認識し，1990 年代には国連は数年ごとに「環境」「人口」「女性」などをテーマとする大規模な国際会議を開いた。しかし，これらは開発をめぐる議論を拡散させ，各国が自国に都合の良い議論の場を選ぼうとする「フォーラム・ショッピング」とよばれる現象すら出現させた [19]。なお，同時期以降，国連からはガルトゥングの問題提起に呼応するような，国家ではなく個人の生命や健康などを守っていくべき，という「人間の安全保障」という考え方も提唱されている [20]。

　議論が拡散する一方で最貧困層や飢餓などにもっとも深刻に悩まされている国々の存在や，その帰結などとしての人権侵害といった問題解決の見通しが立たないことへの，20 世紀末時点での国際社会の問題意識が，課題と目標を包括的に明確にし

---

17) この語は 1990 年代末以降，バブル経済後の日本の経済状態を示すものとして転用され，それが「20 年」「30 年」と延びていくことになる。

18) 以上 3 段落の理論についての記述は小林（2006）参照。ガルトゥング（1991）も参照。

19)「フォーラム・ショッピング」については，亀山（2010）参照。

20) ただし，ガルトゥング自身は，自身が提起したような問題に対して「安全保障」という表現が使われることには反対する姿勢を示している。「人間の安全保障」については人間の安全保障委員会（2003）など参照。

て解決していこうとするミレニアム宣言とMDGs策定の動機であった。

4 環境と「持続可能（な開発＝SD）」

　後に開発問題とまとめられる貧困や人権侵害などの社会経済問題が第二次世界大戦の前後まで国際社会が取り組む必要がある，とされなかったのは，それらは，植民地時代にあってはそこを支配する宗主国という意味も含め，各国が取り組むべき国内問題と考えられていたからである。それに対し「持続可能」という用語にかかわらず，国際社会が自然環境の保護に取り組まなければならないという考え方は，個別具体的には19世紀にまでさかのぼる。2国間条約では1891年から1894年にかけて英米，英露，米露の間で相次いで結ばれたベーリング海オットセイ条約，多国間条約では1900年に結ばれたアフリカ野生動物保護条約が，確認できるもっとも古い国際環境条約である（渡部2001）。また，多くの論者は，1902年に結ばれた，農業に有益な鳥類の保護に関する条約をこの時期の代表的なものとして挙げるという。ただし，これに限らず今では環境保全を定めたようにみえる第二次世界大戦以前の条約は，経済的な資源保護・利用など，対象の個別・独自の要因によるもので，一般的な環境保護の法意識を反映したものとはいえない，と指摘されてもいる（松井2010）。

　戦後も，1949年の「資源の保全と利用に関する国連科学会議」など萌芽的に位置づけられる単発の会議などはあった（亀山2010）が，環境保護ないし保全の考え方が広く社会に共有されるようになったのは1950–60年代に先進国を中心に公害こと環境汚染被害や自然破壊の問題が深刻化したことに対する，いわゆる「環境革命」[21]による。

　ちなみに，この時期に深刻化した日本の公害経験[22]に照らすと，SDGsはいわゆる公害病など環境汚染による健康損害についてターゲット3.9，水の汚染について目標6，とりわけターゲット6.3，ただし海については目標14，とくにターゲット14.1，大気汚染についてターゲット11.6，ごみ問題についても同じくターゲット11.6および12.5，また環境汚染の原因となる化学物質の管理と排出削減についてターゲット12.4，というように，細分化され，あちこちに散りばめられ，バラン

21）この表現については，マコーミック（1998）参照。
22）戦後昭和期を中心とする日本の公害経験をまとめたものとして宮本（2014）参照。

スを欠く部分もあるようにみえる。日本には典型7公害（大気汚染，水質汚濁，土壌汚染，騒音，振動，地盤沈下，悪臭）という言い方があり[23]，かつては環境問題に関心があるというと，まず，これを諳んじているかどうか確認される，ということすらあった。これ自体，大気汚染と悪臭など関連するものもあるほか，同時代的にも問題であったはずの廃棄物（ごみ）問題はじめ日照権や光害，さらに後に問題化する人工化学物質などによる香害や観光公害など環境分野に限定しても[24]含んでいない公害が多々あるなど，問題はある。しかし，その観点からしても，SDGsは水質については手厚い一方，大気汚染は廃棄物と一つのターゲットにまとめられてしまい，地盤沈下など今では多数の発展途上国で深刻化している問題が見当たらないなど，バランスや網羅性の悪さを感じさせる部分がある。大気汚染をめぐっては近年，中国やインドで都市部の産業や自動車交通だけでなく，広大な農村部の野焼きなど，広く薄い汚染源の存在も問題にされるようになってきていることに照らしても，SDGs中の扱いには改善の余地がありそうにみえる。

公害の深刻化より少し遅れて，日本では自然破壊とともに，歴史的に形成された景観や，地域社会の自発的な取り組みによって作られた，高すぎる建築のない町並みなどの，歴史的・文化的環境の破壊も問題となった（木原1982，片桐2000）。これについて，ターゲット11.4で自然遺産とともに文化遺産への言及はあるものの，それ以上の広がりがある書き方ではない。他にターゲット4.7でも文化多様性に言及されているものの，文化多様性の少なくとも一部は確実に生物多様性とりわけ生態系の多様性への人間社会の適応として生じていることからすると，文化を「SDGs＋1」と位置づけるべき（佐々木2019）かどうかはともかく，生物多様性と文化多様性の接点といえる伝統的生態知識をめぐる議論（金沢ほか2010）などを反映した目標やターゲットはあってもよさそうなものである。

環境革命の時代背景のもと1972年に国連人間環境会議が開かれたが，この場では環境と開発の関係をめぐって主に先進国と途上国の間で見方が対立し，その関係の整理が課題化した。これを受けた議論の末，1975年にUNEP管理理事会の決定に登場したのが「持続可能な開発」（Sustainable Development, SD）であり，そこに

---

23) 1967年制定の公害対策基本法に列挙され1993年制定の環境基本法第2条第3項に継承されている。
24)「公害」は，消費者が被害を受けた「食品公害」や「薬品公害」（薬害）など一般には必ずしも環境分野と理解されていない問題まで含む言葉として使われることもあるが，ここでは，これ以上立ち入らない。

は「全ての国に暮らす人々の持続可能な発展とは，貧しい人たちの人間としての基本的ニーズを満たすことと生物圏の課す人間の行為に対する制約を超えないことである」という定義が書かれている[25]。これこそ，貧困をはじめとする開発と生物圏による制約こと環境の問題に同時に取り組む SD ひいては SDGs の出発点に位置づけられる。だが，この事実は記録で確認可能にせよ広くは知られず，むしろ後退ともいえる国際自然保護連合の「世界保護戦略」や，じつは上記を踏襲したブルントラント委員会報告が初出ないし原典とされがちである。

　じつのところ「持続可能」という概念は当初から環境と結びついていたわけではない。むしろ，その対極ともいえる例が先進国クラブといわれる 1960 年に結ばれた OECD（経済協力開発機構）の設立条約での用例である。ここでは「持続的な経済成長」といわれている（宮田 2011）。しかし，これは，後に 1972 年にローマ・クラブが『成長の限界』でいつかは限界が来ると指摘した，右肩上がりの継続的な経済成長にほかならない。また，前記した「開発の 10 年」に向けた国連決議にも似た表現があるという（宮田 2011）。

　一方，より環境に近いところでこの概念，とりわけ「持続」に相当する sustain の語がその派生形も含めて使われたのは自然資源管理の分野である。1946 年締結の国際捕鯨取締条約をはじめ 1940 年代後半から 1980 年代にかけて結ばれた多数の海洋生物や水産資源の管理についての多国間・2 国間を問わない条約などの国際的な取り決めに，sustain やその派生形が用いられている（宮田 2011）。森林資源なども含め，いかに再生（正確には更新）能力を損なわない範囲で最大限，有効に資源を活用できるようにするかは，それらの資源の利用や管理・保全に関係する人々にとって切実な問題であり続けている。環境革命の時代に，その失敗を寓話的に示したものとして知られるのが，ギャレット・ハーディンによる「コモンズの悲劇」であり，環境汚染や枯渇性資源も含めた相互作用のモデルを使って，人口と経済の拡大には限界があり実質的に持続可能ではないことを示したのがローマ・クラブ・レポートとして発表された『成長の限界』であった。

　これらの用語の伝統もありつつ，日本のみならず先進国で深刻化した公害こと環境汚染の実態も交えた問題意識下で開かれたのが 1972 年の国連人間環境会議であり，そこで表面化したのが環境保全の必要性と途上国からの切実な開発による貧困

25）宮田（2011）は前後の関係する国際文書を丹念に比較・検討し，この事実を明らかにしている。引用した定義の訳文も同書による。

克服への要望との対立であって，それらの合流点で打開策としての SD の考え方が
芽生えた，ということになろう。

　現在では SD は，ブルントラント委員会の「現在の世代の欲求を満足させる開発で
あって，かつ将来の世代の欲求もみたすもの」[26] という定義が広く知られている。こ
の定義が直後に「何にも増して優先されるべき世界の貧しい人々にとって不可欠な
必要物」と「技術・社会的組織のあり方によって規定される，現在及び将来の世代の
欲求を満たせるだけの環境の能力の限界」の二つの概念を含む，としているのは，ま
さに上記 1975 年の UNEP 管理理事会の決定を継承していることを示している。

　こうした SD が 1992 年に（国連人間環境会議 20 周年を期して開かれた）地球サミッ
トでキーワードとして最終的に国際社会に定着したことと，上記の経緯を考え合わ
せると，1972-92 年の 20 年間は，環境と開発の対立という難問に対し，SD という
解答が準備され確立されていった過程と理解される。地球サミットの 10 周年とし
て 2002 年に開かれた会議が，持続可能な開発に関する世界首脳会議（WSSD）と SD
を名称に含み，さらに 10 年後の UNCSD にも継承されたことは，環境分野におけ
るこの概念の定着ぶりを示している。

　それとともに，より形式的に SDGs につながるものとして指摘しなければならな
いのは，1972 年の国連人間環境会議以来，各国と国際機関の代表による国際会議
と同時に市民会議も開かれ，会議の成果が宣言としてまとめて打ち出されるととも
に，それを実行に移すための行動計画も策定される，ということが定着してきたこ
とである。1992 年の地球サミットでも気候変動枠組条約や生物多様性条約などの
個別の条約や合意のほか，リオ宣言とアジェンダ 21 という成果文書 [27] が取りまと
められたことは同時代的には有名であり，国によっては実務的な意味も大きかっ
た [28]。SDGs は内容のみならず形式の上でも，それまでの国際社会の取り組みの集
大成とみることができよう。

26）環境と開発に関する世界委員会（1987）参照。ただし，訳文の順序を入れ替え，若干
　　表現を変更した部分がある。
27）この文書でのさまざまな主体の取り組みの必要性への言及が，現在，SDGs で，地域社
　　会や企業，市民社会（実質的に NGO ＝民間非営利組織），さまざまな立場の個人が取
　　り組みを求められるようになった起源といわれることがある。

5　おわりに

　以上のように，SDGs は国際社会における 19 世紀末以来の環境問題への取り組みと，20 世紀中葉以来の開発への取り組みが融合したものであり，誰一人取り残さないという理念は大西洋憲章に原点をもつ国際連合設立以来の理想に MDGs までの開発問題や各種環境問題への取り組みなどの実践的な経験と教訓が重なったものといえる。また，SDGs にはオーフス条約のように，日本では十分な理解や取り組みが進んでいるとはいえないものも含まれていて謙虚に学ぶ姿勢も必要である一方，公害や文化など日本が国内外で得てきた経験や知見からすると不十分であったりバランスを欠いていたりする部分もあって，そうした部分には積極的に改善提案をしていく姿勢もまた必要である。もちろん，日々の地道な実践において，常にそうした大所高所の議論を意識しなければならない，ということではないが，時には足もとの実践が地球規模の社会経済の改善と結びついていることに思いを馳せ，それをふまえて発言してもよいのではないか。

読書案内
国際社会そのものを理解するためには，国際関係論または国際政治学の入門書を読む必要がある。ただし，近年，従属論や構造的暴力論についての説明を省くものも増えているが，SDGs の理解のためには，それらも不可欠な知識である。説明が十分ではないものの，従属論や構造的暴力論を視野に入れた理論と歴史のバランスがとれた解説をしているものとして，ナイ, J. S.・ウェルチ, D. A.／田中明彦・村田晃嗣［訳］(2017).『国際紛争——理論と歴史』［原書第 10 版］(有斐閣) がある。また，少し古く，執筆された当時の状況の説明がやや詳細すぎるきらいはあるものの，本章の関心からすればより理論的なバランスが取れたものとして，進藤榮一 (2001).『現代国際関係学——歴史・思想・理論』(有斐閣) がある。さらに理論についての理解を深めたい場合には

---

28) 日本でも当初は真剣に受け止められたものの，一過性に終わった感も否みがたい。中国では，より制度的に受け止められ，中央から地方まで各レベルに専門組織が設置された。筆者は 1998 年から 2000 年にかけて中国に留学していたが，一日本人留学生に過ぎない私に，地方のアジェンダ 21 の担当者が取りまとめた文書をぜひにといって自慢げに押しつけてきて，対応に困った記憶がある。

吉川直人・野口和彦［編］(2006).『国際関係理論』(勁草書房) を参照され
たい。

国際社会の経済社会問題全般に対する取り組みについては，国際政治経済学と
よばれる国際関係論の一分野で扱われる。その比較的新しい概説書が，本章で
も参照した飯田敬輔 (2007).『国際政治経済』(東京大学出版会) である。

国際社会の環境問題への取り組みは，近年，それ自体が一大研究分野となりつ
つあり，本章でもその複数の成果を参照している。まず，亀山康子 (2010).
『新・地球環境政策』(昭和堂) で全体像をつかんだうえで，細部について，宮
田春夫 (2011).『人類共同体のための国際環境政策』(ブイツーソリューショ
ン) など他の関連書籍で適宜情報を補うことで，理解が深められよう。

【引用・参考文献】

飯田敬輔 (2007).『国際政治経済』東京大学出版会

片桐新自［編］(2000).『歴史的環境の社会学』新曜社

金沢謙太郎・磯崎博司・小林 保・スブラマニアン, S.・王曦・王雯娜・カンプー, A.・
　井上 真 (2010).「脅かされる伝統的生態知識」日本環境会議・「アジア環境白書」
　編集委員会［編］『アジア環境白書 2010/11』東洋経済新報社，pp.99-124.

蟹江憲史 (2018).「2030年の経済・社会・環境を考えよう」Think the Earth［編著］・
　蟹江憲史［監修］『未来を変える目標——SDGs アイデアブック』紀伊國屋書店,
　pp.8-11.

亀山康子 (2010).『新・地球環境政策』昭和堂

ガルトゥング, J.／高柳先男・塩屋 保・酒井由美子［訳］(1991).『構造的暴力と平和』
　中央大学出版部

環境と開発に関する世界委員会［編］・大来佐武郎［監修］(1987).『地球の未来を守る
　ために』福武書店

木原啓吉 (1982).『歴史的環境——保存と再生』岩波書店

小林良江 (2006).「従属論と世界システム論」吉川直人・野口和彦［編］『国際関係理論』
　勁草書房，pp.213-244.

佐々木丞平 (2019).「ICOM 京都大会開催と博物館の未来」『學士會会報』*937*, 76-80.

高島忠義 (1995).『開発の国際法』慶應通信

高柳彰夫・大橋正明［編］(2018).『SDGs を学ぶ』法律文化社

人間の安全保障委員会 (2003).『安全保障の今日的課題——人間の安全保障委員会報告
　書』朝日新聞社

ピケティ, T.／山形浩生・守岡 桜・森本正史［訳］(2014).『21世紀の資本』みすず書
　房

マコーミック, J.／石 弘之・山口裕司［訳］(1998).『地球環境運動全史』岩波書店

松井芳郎（2010）.『国際環境法の基本原則』東信堂
宮田春夫（2011）.『人類共同体のための国際環境政策』ブイツーソリューション
宮本憲一（2014）.『戦後日本公害史論』岩波書店
横田洋三（2001）.「国際機構の発展と現代国際社会」横田洋三［編著］『新版国際機構論』
　　国際書院，pp.27-54.
渡部茂己（2001）.『国際環境法入門──地球環境と法』ミネルヴァ書房

第1部

第2部

第3部

03 世界は SDGs の意味において 持続可能か

高井 亨

> キーワード：統合指標，標準化，重みづけ，一人当たり GDP，持続可能性の意味

1 はじめに

　さまざまな主体が SDGs 達成への取り組みを行うなかで，世界は実際に「SDGs の意味において」持続可能な状態へと近づいているのだろうか。この問いへの解答は，通常，世界各国の SDGs への到達水準を適切な指標を用いて測ることによってなされる。後述する通り，SDGs は 169 のターゲットに対応した 232 の指標が選定されている。すなわちこれらの達成状況を計測すればよい。ただし，232 の指標の達成状況を一覧として示したところで，全体としての到達水準はわかりにくい。そこで本章では，第 2 節において，SDGs の到達度を統合的に計測するための方法を与える統合指標（Composite Indicator）について概説する。つづく第 3 節において統合指標の具体的な作成方法を，Sachs et al.（2018）による SDGs の到達度の計測事例をひもときつつ紹介する。第 4 節では，高井（2020）が示した，SDGs の到達度の評価により適した統合指標の作成方法を紹介し，実際に世界各国の計測結果を示す。

2 統合指標という分析枠組

　SDGs は 17 ゴールと 169 ターゲットから構成された多次元的な概念である。多次元の構成要素からなる概念を計測するには，当然，多様な指標が用いられなければならない。つまり 169 のターゲットの理念を反映した相応の数の指標が必要である。そこで，国連統計委員会は各ターゲットに 1 から 5 個の指標を対応させ，合わせて 240（重複を除くと 232）個の指標を選定している[1]。つまり 232 の指標を計測し，

目標値と比較することで SDGs の達成度は判断される。

しかし 232 の計測結果の一覧をもとに，SDGs が総体としてどれだけ達成されたといえるのだろうか。この疑問を解決する道具こそが統合指標である。統合指標は，達成度の一覧を一次元の値に集約する道具である。

では，統合指標はいかに作成できるのだろうか。ここでは，COIN（Competence Centre on Composite Indicators and Scoreboards）[2] の Web ページ「10 Step Guide」[3] に示された手順を紹介しよう。

①理論的枠組み：測りたい多次元的事象を明確に理解・定義する

②データ選択：統合指標に用いる指標を選択する

③欠損データの補完

④多変量解析：個別指標の基本的性質（データ間および指標間の関連性）を多変量解析（主成分分析・クラスター分析など）によって明らかにする

⑤標準化：単位の異なるデータを統合するために個別指標の標準化を行う

⑥重みづけ：個別指標に与える重みを決定する

⑦集計：重みづけされた個別指標から統合指標を作成するための集計方法を決める

⑧感度分析：評価結果が欠損データの補完方法，標準化の手法，重みづけおよび集計方法などの違いによって頑健かをチェックする

⑨他の指標とのリンク：統合指標に含まれない他の既存指標との関連性を相関分析や回帰分析を用いて検討する

⑩可視化：結果を視覚的に提示する

以下では①–⑩の流れを，ベルテルスマン財団と SDSN[4] が公表している Sachs et al.（2018）[5] による SDGs の統合評価を具体的に追うことで確認しよう。Sachs et

---

1) 232 個の指標は総務省から仮訳が公表されている〈http://www.soumu.go.jp/main_content/000562264.pdf（最終確認日：2019 年 12 月 24 日）〉。仮訳の意味については本書第 2 章注 2）を参照のこと。

2) 統合指標についてのもっとも信頼できるマニュアルである OECD & JRC（2008）を作成した欧州委員会ジョイント・リサーチ・センターの下部組織である。

3) https://composite-indicators.jrc.ec.europa.eu/?q=10-step-guide（最終確認日：2019 年 12 月 25 日）を参照のこと。

4) Sustainable Development Solution Network の略。

al. は先進国のみならず途上国までを含んだ唯一の評価である。

3 統合指標による具体的な評価の手順 [6] [7]

■3-1　指標選択（2.　②の段階）

SDGs の達成度を計測する上では，上述の手順①および②の段階は所与である。①は 17 ゴールと 169 ターゲットによって明確に表現されているし，②についても 232 個の指標がすでに選定されている。よってこの段階をとくに考慮する必要はないように思われるが，232 の個別指標には未整備のものが多い。そのため Sachs et al. の一連の報告書においては以下の基準を満たすような指標を選び，評価に用いている。

> ①国際的な妥当性と幅広い国への適用可能性：各国間のパフォーマンスの直接比較が可能なこと
> ②統計的妥当性：有効かつ信頼できる測度であること
> ③適時性：最新のものであること。また適度に迅速なスケジュールで公表されていること
> ④データの質：国内または国際的な公的情報源や査読誌に掲載されていること
> ⑤対象範囲：人口が 100 万人を超える国連加盟 149 国のうち，少なくとも 80％のデータを入手できること

このようにして選ばれた個別指標は 88 個であった。表 3-1（後掲）に一覧を示した。

■3-2　欠損データの取り扱い（2.　③の段階）

欠損データに起因する評価のバイアスを最小限に抑えるため，Sachs et al. では全個別指標値の少なくとも 80％のデータをもつ国のみについて統合指標が算出され

---

5) 2019 年版の報告書も公表されているが，2018 年版のデータを対象とした筆者独自の分析との比較のため，2018 年版を参照した。Papadimitriou et al.（2019）による監査を受け，2019 年版にはいくつか変更点がある。

6) 本節の内容は高井（2020）のⅡ章をもとに加筆・再構成したものである。

7) Sachs et al. では④，⑧，⑨について記載がないものの，⑧感度分析については本報告書を補足する Lafortune et al.（2018）に記載がある。

ている。一方，欠損データの補完は，広く同意された手法が存在しないため，いくつかの指標についてのみ行われた[8]。このような手順をふんで，データセットは作成された。

■ 3-3　標準化の方法（2.　⑤の段階）

データの標準化は，

①順序数
② z 得点：（データ − 平均値）／標準偏差
③ Min-Max：最小値 0 – 最大値 1 への再スケーリング
④参照点からの距離：（データ − 参照点）／参照点
⑤カテゴリカルスケール：たとえば 5 段階の成績評価

が主である。

Sachs et al. では，最悪値が 0，最良値（最適値）が 100 となるよう，通常の Min-Max に 100 を乗じた下式を用いた。

Min − Max=（データ−最悪値）／（最良値−最悪値）× 100　　　　　（1）

ただし，

最悪値：下位 2.5 パーセンタイル点[9]（外れ値に対する頑健性を考慮）
最良値：目標値（報告書では技術的最良値もしくは上限とも記される）

としている。ちなみに，下位 2.5 パーセンタイル点を下回るデータは下位 2.5 パーセンタイル点に，目標値を上回るデータは目標値に置き換えることで，Min-Max による変換後のすべてのデータは 0–100 の範囲に収まっている。

また，目標値は次のように決められた。

---

8) 一例を挙げれば「研究開発費」が報告されていない低所得国については，その値を 0 と仮定している。
9) すべてのデータを大きさ順に並べ，下から数えて 2.5% 番目のデータである。

① SDGs や目標に記された数値目標を用いる（例：貧困ゼロ，水やトイレへの普遍的アクセス）

② ①のように明確な数値目標を利用できない場合，極度の貧困への対策，公共サービスおよび基本的インフラへのアクセスに関わる目標については「誰一人取り残さない」という原則を適用する

③ 2030 年までに到達すべき科学的根拠のある目標が存在する場合，これらを目標設定に用いる（例：100%持続可能な漁場管理）

④ すでに SDG の目標を超えている国がある場合は，上位 5 カ国の平均を用いる（例：子供の死亡率）

⑤ 上記に含まれない指標については，上位 5 カ国の平均を用いる

■ 3-4 重みのつけ方と統合方法（2. ⑥および⑦の段階）

　個別指標に対する重みづけ方法には，等しい重み，数理的な背景をもつ重み（たとえば主成分分析，重回帰分析，BOD[10]，AHP などを用いる），専門家の判断による重み，主観的重みなどがある。また，集計方法には，算術平均，幾何平均，多基準分析[11] による方法などがある。

　統合の具体的プロセスは，まず各ゴール（SDG1 から 17）の到達度を算出するために，当該ゴールに属する個別指標に，合計 1 となるような等しい重み（=1/ 各ゴールに属する個別指標数）を与え算術平均をとった。これは上述の重みづけの方法がいずれも満足いく方法とはみなされず，もっとも広く採用されることの多い方法をとったためである。

　その後，上記の各ゴール値に対して，再び合計 1 になるように等しい重み（=1/17）を与え，再度，算術平均を求める[12]。すべてのゴールに等しい重みを与えるのは「規範的な仮定として，すべての SDG を平等かつ『統合され不可分（integrated and indivisible）』な目標群として扱う，という理念を反映するため」

---

10) BOD（Benefit of the Doubt）は，各個体にとって「統合指標値」が最大となるよう個体ごとに重みを与える方法である。

11) 邦語では，萩原（2011）にくわしい。

12) 算術平均は各ゴール間の値の代替性を認める操作にほかならず，弱い持続可能性の計測を前提としている。仮に強い持続可能性の計測を志向するならば，たとえば各ゴール値の幾何平均をとることが望ましい。報告書では実際に両者を算出し，評価結果に大きな差がみられなかったとしている。

（Sachs et al. 2018）である。

■ 3-5　統合指標の計測結果（2. ⑩の段階）

標準化後の統合指標値は 0–100 の範囲におさまり，この値は各国の総合的な SDGs 到達度を表している。統合指標値が 100 となるのは全 17 ゴール値とも 100 のときに限られるため「SDGs の意味において」強く持続可能な状態は 100 のときである。ゆえに 100 未満であればいずれかのゴールに未到達のものがある。

Sachs et al. では，計測結果を視覚的に表現しているが，ここでは指標値にのみふれる。最高値はスウェーデンの 85 であり 80 を超える国は 9 カ国ある。上位は北欧諸国を中心に欧州の国々が占める。日本は 78.5 で 15 位となっている。一方，最下位は中央アフリカ共和国の 37.7 であり，下位 10 カ国はイエメンとアフガニスタンを除いてすべてアフリカ諸国となった。

4　SDGs の計測に適した統合指標の枠組みを考える

統合指標によって評価を行うとき，重みづけと集計方法の選択には議論が多い。Sachs et al. において各ゴール（SDG1 から 17）の到達度を算出する際，個別指標に等しい重みを与えたのは，既存の重みをづけ方法が満足のいくものではないという消極的な理由であった。他方，すべてのゴールに等しい重みを与えたのは「すべての SDG を平等かつ「統合され不可分」な目標群として扱う」ためであり，一見妥当と思われるもののこれにも問題がある。そもそも，すべての SDG は平等に配慮されるべきであろうか。むしろ必要なのは「衡平」に配慮することではないだろうか。各 SDG が等しい重みを与えられるべき状況は，規範的な観点からすると各ゴールの到達度が等しいときであり，ゴールへの到達度に差異のある SDG どうしに等しい重みを与えることは「衡平性」を欠いている。

そこで以下では，高井（2020）に示された，SDGs の到達度の計測においてより説得力をもつ統合指標の作成方法を簡単に紹介しよう。既存の方法との違いは，標準化においてもっとも用いられることの多い Max-Min と z-score の利点を取り入れつつ，さらに SDGs の「誰一人取り残さない」という理念を組み入れた標準化手法を提案したことである。これによって重みづけにおいても，SDGs の理念にふさわしい形で各 SDG（および各指標）を「衡平に配慮する」ことが可能となる。

■ 4-1　新たな標準化

以下で用いる記法をまずは定義しよう。

> ・x_{ij}：i 国（$i=1, \cdots, m$）の j 指標（$j=1, \cdots, n$）の値
> ・x_{cj}：指標 j の目標値
> ・x_{wj}：指標 j の m 個の指標値および目標値 $\{x_{1j}, \cdots, x_{mj}, x_{cj}\}$ のなかでもっとも望ましくない値
>
> 　ただし，（ⅰ）値が増加することが望ましい指標（以下，＋指標）のとき，
> $$x_{wj} = \min\{x_{1j}, \cdots, x_{mj}, x_{cj}\}$$
> 　　　　（ⅱ）値が減少することが望ましい指標（以下，－指標）のとき，
> $$x_{wj} = \max\{x_{1j}, \cdots, x_{mj}, x_{cj}\} \text{ である。}$$
> ・$x_j = \sum_i x_{ij} / m$：指標 j の m 個の指標値の平均値

さて Min-Max の利点はその値が非負かつ大きいほど望ましいことであり，z-score の利点は最大・最小値を用いないため異常値に対して頑健なことである。ただし両者の利点を同時に完全に満たすことは不可能であるため，部分的に満たすように，x_{ij} の標準化指標 z_{ij} を以下のように定義する。

$$z_{ij} = (x_{ij} - x_{wj}) / s_j^w \tag{2}$$

ここで，

$$s_j^w = \sum_i |x_{ij} - x_{wj}| / m = |x_j - x_{wj}| \tag{3}$$

である。

　すなわち，z_{ij} とは「x_{ij} の最悪値周りの距離：$x_{ij} - x_{wj}$」を「最悪値周りの平均偏差：s_j^w」によって標準化した値である。ここで $x_{ij} - x_{wj}$ は，同一の j に対しては非負か非正の値のみを取ることに注意を要する。以上のように z_{ij} を標準化することで，① z_{ij} の絶対値 $|z_{ij}|$ は非負かつ値が大きいほど望ましく，②異常値の候補となる一方の値（最良値）を含まないため一定の頑健性を獲得できる。つまり Max-Min と z-score の利点を取り入れることに成功している。

　次いで，（3）式の方法を用いて目標値 x_{cj} の標準化標値 c_j も定義する。

第1部

第2部

第3部

$$c_j = (x_{cj} - x_{wj})/s_j^w \qquad (4)$$

c_j も上記性質を満たしている。ここで，標準化において「最悪値 x_{wj}」を用いたことによって，すべての指標値や目標値は最悪値とリンクする。その結果，最悪値が各国の値や目標値からどれだけ離れているのかが，一目瞭然となる。これにより「誰一人取り残さない」を測定するための方法の基礎が与えられた。

■ 4-2　新たな統合指標の構成

以下で用いる記法を定義しよう。

> ・$z_i = (z_{i1}, \cdots, x_{in})$：$i$ 国のすべての標準化指標値 $z_{ij}(j = 1, \cdots, n)$ をまとめたベクトルであり，個々の指標値の絶対値 $|z_{ij}|$ が大きいほど，i 国はのぞましい状態にある
> ・$c = (c_1, \cdots, c_n)$：すべての標準化目標値 $c_j (j = 1, \cdots, n)$ をまとめたベクトルであり，$z_i = (z_{i1}, \cdots, x_{in})$ が目指すべき方向を示している。個々の目標値の絶対値 $|c_j|$ が大きいほど，より高い目標水準にあることを意味している
> ・$\langle c, z_i \rangle = c_1 z_{i1} + \cdots + c_n z_{in}$：$c$ と z_i の内積
> ・$|c|^2 = c_1^2 + \cdots + c_n^2$：$c$ のノルム（大きさ）の二乗

ここで，(3) 式および (4) 式を用いて統合指標を構成してみよう。各標準化指標値 z_{ij} の重みを $c_j/|c|^2$ とし，これらの線形和を i 国の統合指標値（I_i）とすると，

$$I_i = (c_1 / |c|^2)z_{i1} + \cdots + (c_n / |c|^2) \, z_{in} \qquad (5)$$

となる。

■ 4-3　統合指標 I_i のとる値とその意味

I_i は常に $I_i \geqq 0$ を満たす[13]。この指標を $I_i = \langle c, z_i \rangle/|c|^2$ と変形すれば，I_i とは z_i から c への正射影ベクトル $[\langle c, z_i \rangle/|c|^2] c$ の係数部分である。ここで係数 $\langle c, z_i \rangle/|c|^2$ の意味は，c 方向（つまり z_i が目指すべき方向）の大きさ $|c|$ のベクトルの

---

13) 詳細は高井（2020）をみよ。

情報が，z_i に「何個」含まれているかである。この「何個」の情報はまさしく i 国の統合的な意味での目標到達度である。

よって，I_i の大きさによって，目標到達度を分類すると，

(i) $I_i > 1$：目標を上回る
(ii) $I_i = 1$：ちょうど目標に到達している
(iii) $0 \leq I_i < 1$：目標を下回る

となる。I_i の数値が，統合的な到達度となっているのである。

■4-4　新たな統合指標 I_i は SDGs の理念を体現する

さて，(5) 式に戻り，重み $c_j/|\boldsymbol{c}|^2$ に着目しよう。$|\boldsymbol{c}|^2$ はすべての重みに共通するため，重みは $c_j = (x_{cj} - x_{wj})/s_j^w$ の大きさ，つまり最悪値に対する目標の高さに比例する。逆にいえば「最悪値が目標値を下回る度合」が大きい指標ほど重みをもつ。つまり最悪値を与える国の目標到達度がより低い指標（ゴール），言い換えればより配慮されてしかるべき指標（ゴール）にこそ，大きい重みが付されるメカニズムが重み $c_j/|\boldsymbol{c}|^2$ に備わっている。それゆえこの重みづけ方法は，上述の各ゴールを「衡平に配慮する」ための本質的な解決策を与えている。

また，もし指標 j の最悪値が目標を達する（よって世界全体として目標を達している）と，$x_{wj} = x_{cj}$ つまり $c_j = 0$ となり，指標 j の重み $c_j/|\boldsymbol{c}|^2$ は 0 になり，指標 j は I_i から自動的に外れる。統合指標 I_i とは「目標未到達の国（取り残された国）が存在する指標群について，目標到達度を統合的に評価する」指標なのである。換言すれば，統合指標 I_i は各 SDG の到達を厳しく評価することで，「誰一人取り残さない」の原則を体現している。

■4-5　統合指標 I_i の計測結果

以下では，Sachs et al.（2018）のデータ[14]と (5) 式を用いて世界各国の統合指標値を計測する[15]。その際，個別指標について留意すべきことがある。個別指標のなかにはジェンダー関連の指標のような「大きければよい」わけでも「小さければよ

14）ただし 169 ターゲットのうち目標値が文言として明記されていながらそれらを用いていない場合は，公式の目標値を利用した。

15）これは Sachs et al.（2018）に対して 2.⑧の段階を行なうことに相当する。

い」わけでもない，中庸が望ましい指標がある。Sachs et al.（2018）ではそれらを「＋指標」として扱っていたが本質的には問題である。そこで高井（2020）では，そのような指標に対しては中庸からの乖離度を考え，

$$x_{ij} = |\text{指標値}_{ij} - \text{最適値}_j (\text{目標値}_j)|$$

とすることで「－指標」に変換している。表3-1に統合指標の計測に用いた個別指標の平均値，最悪値，最良値，目標値を記した。

　指標の重みづけと統合は，先行研究と同様，二段階でなされる。第一段階では，個別指標を（5）式を用いてそれが属する各ゴールに統合する。つまり17ゴールのゴール値をそれぞれ求める。その後，各ゴール値を（5）式によって統合する[16]。結果を表3-2に示した。数値の単位は％である。

　計測結果が100％，つまり「SDGsの意味において」持続可能な国は存在せず，80％を超える国もわずか3カ国である。上位の国はSachs et al.（2018）と似通っているものの，7位であったスイスが1位となった。日本は67.2％で19位と数値は10ポイント以上低下している。ただし図3-1を確認するとわかるように，ほとんどの国の統合指標 I_i は Sachs et al.（2018）の統合指標値である Global Index Score よりも10ポイント程度低い[17]。I_i が達成水準の低い目標に重みをおくことが影響しているのだろう。下位に目を転じると，アフリカ諸国や内戦の続く国が多い。最下位は南スーダンの13.1％であり，統合的観点からは，SDGsが13.1％しか達成されていない。

　統合指標 I_i と Global Index Score との相関係数は0.90であり，これは Sachs et al.（2018）の計測結果の頑健性を保証するものともいえよう。一方，本結果が Sachs et al.（2018）よりも多くの国に対して厳しい評価を下していることは，4-4に述べた指標としての特質を体現した結果であろう。

■4-6　一人当たり GDP との関係

2016年の一人当たり GDP（2010年基準購買力平価，US $）と統合指標 I_i の関係を

---

16) ここで各ゴールとも，その目標値は1である。これは4-3 (ii) による。
17) いずれも統合的に目標を到達できれば100％であり，そこからの乖離として統合指標値を解釈できるため，二つの指標間において数値の大小を比較することに意味はある。

第1部

第2部

第3部

表 3-1　使用した指標と記述統計 （出所：Sachs et al. (2018) のデータをもとに筆者作成）

注：方向において N は、＋指標でも－指標でもなく中庸が望ましい指標である。
最悪値は「Sachs et al. による下位 2.5 パーセンタイル点」ではなく実際の最悪値を記している。

SDG	指標	方向	平均値	最小値	最大値	最悪値	目標値
1	貧困率 (%)	−	13.0	0.0	86.0	86.0	0.0
1	2030年の予測貧困率 (%)	−	8.8	0.0	95.5	95.5	0.0
2	栄養不足蔓延率 (%)	−	10.8	0.0	58.6	58.6	0.0
2	5歳未満の子供の発育阻害の蔓延率 (%)	−	18.1	0.0	59.3	59.3	0.0
2	5歳未満の子供の栄養不足の蔓延率 (%)	−	4.9	0.0	22.7	22.7	0.0
2	肥満率 (%)	−	19.5	2.1	61.0	61.0	2.8
2	穀物収穫量 (t/ha)	+	3.5	0.2	24.7	0.2	8.6
2	持続可能な窒素管理指数	−	0.8	0.0	1.3	1.3	0.0
3	妊産婦死亡率 (出生数10万人当たり)	−	170.2	3.0	1360.0	1360.0	70.0
3	新生児死亡率 (出生数1000人当たり)	−	13.3	0.6	45.6	45.6	1.1
3	5歳未満児死亡率 (出生数1000人当たり)	−	30.4	2.1	132.5	132.5	2.6
3	結核の発生率 (10万人当たり)	−	114.8	0.0	781.0	781.0	3.6
3	エイズ罹患率 (1000人当たり)	−	0.5	0.0	8.0	8.0	0.0
3	30～70歳のNCDsによる年齢別死亡率 (10万人当たり)	−	19.2	8.3	36.1	36.1	9.3
3	室内の空気汚染及び大気汚染による死亡率 (10万人当たり)	−	84.2	0.0	261.8	261.8	0.0
3	交通事故死 (10万人当たり)	−	17.0	2.0	45.4	45.4	3.2
3	出生時の平均余命 (年)	+	71.3	50.1	83.7	50.1	73.6
3	15～19歳の女性1000人当たりの出産 (1000人当たり)	−	48.0	0.3	194.0	194.0	2.5
3	熟練した医療従事者の立ち会いのもとでの出産 (%)	+	85.0	9.4	100.0	9.4	100.0
3	WHOが推奨する二つのワクチンを接種された乳児の割合 (%)	+	85.7	19.0	100.0	19.0	100.0
3	国民皆保険指数 (0-100)	+	60.2	27.2	100.0	27.2	100.0
3	主観的幸福度 (0-10)	+	5.4	2.7	7.8	2.7	7.6

SDG	指標	方向	平均値	最小値	最大値	最悪値	目標値
4	就学率 (%)	+	89.0	32.1	100.0	32.1	100.0
4	平均就学年数 (years)	+	8.3	1.4	13.4	1.4	13.2
4	識字率 (%)	+	87.8	23.5	100.0	23.5	100.0
5	満たされていない避妊への需要 (%)	−	26.0	0.0	82.4	82.4	0.0
5	男性に対する女性の平均就学年数 (%)	N	87.8	27.6	132.1	27.6	100.0
5	男性に対する女性の労働力率 (%)	N	71.5	8.6	110.6	8.6	100.0
5	女性国会議員の割合 (%)	N	21.3	0.0	61.3	0.0	50.0
6	安全に管理された衛生施設を利用する人口 (%)	+	86.1	60.1	100.0	60.1	100.0
6	少なくとも基本的な衛生サービスを使用している人口 (%)	+	57.9	7.1	100.0	7.1	100.0
6	安全に管理された水道施設を利用する人口 (%)	+	96.1	81.5	100.0	81.5	100.0
6	少なくとも基本的な飲料水サービスを使用している人口 (%)	+	76.8	19.3	100.0	19.3	100.0
6	淡水取水量 (%)	−	65.4	0.0	2603.5	2603.5	12.5
6	輸入地下水量 (m³/年/人)	−	10.4	0.1	148.2	148.2	0.1
7	電気へのアクセス (%)	+	80.3	4.5	100.0	4.5	100.0
7	調理のための衛生的燃料と技術 (%)	+	64.2	2.0	100.0	2.0	100.0
7	燃料の燃焼/発電による CO2 排出量 (Mt/TWh)	−	1.7	0.0	23.7	23.7	0.0
8	調整成長率 (%)	+	-2.2	-14.8	7.9	-14.8	5.0
8	奴隷制スコア (0-100)	+	65.0	0.0	100.0	0.0	100.0
8	銀行または他の金融機関に口座を持つ成人 (%)	+	58.8	6.4	100.0	6.4	100.0
8	失業率 (%)	−	7.9	0.2	27.7	27.7	0.5
9	インターネット利用率 (%)	+	49.4	0.0	100.0	0.0	100.0
9	モバイルブロードバンド契約数 (100人当たり)	+	53.7	0.0	254.4	0.0	100.0
9	インフラストラクチャ全体の品質 (1-7)	+	4.0	1.5	6.6	1.5	6.3
9	物流パフォーマンス指標 (1-5)	+	2.7	1.2	4.4	1.2	4.2
9	タイムズ高等教育大学ランキング, トップ3大学の平均スコア (0-100)	+	15.8	0.0	92.8	0.0	91.0

SDG	指標	方向	平均値	最小値	最大値	最悪値	目標値
9	ジャーナル記事数 (1000人当たり)	+	0.4	0.0	2.5	0.0	2.2
9	GDPに占める研究開発費 (%)	+	0.7	0.0	4.3	0.0	3.7
10	ジニ係数 (0-100)	−	42.6	26.7	67.1	67.1	27.5
11	都市部のPM2.5濃度 ($μg/m^3$)	−	28.7	3.4	107.3	107.3	6.3
11	都市人口のうち水道施設に接続されている割合 (%)	+	82.7	7.4	100.0	7.4	100.0
11	公共交通機関の満足度 (%)	+	57.4	8.0	85.0	8.0	82.6
12	都市ゴミ (kg/人/年)	−	1.3	0.1	5.7	5.7	0.1
12	電子廃棄物 (kg/人)	−	7.5	0.2	28.3	28.3	0.2
12	排水の処理率 (%)	+	26.1	0.0	100.0	0.0	100.0
12	生産ベースのSO_2排出量 (kg/人)	−	13.5	0.4	176.3	176.3	0.5
12	純輸入SO_2排出量 (kg/人)	−	1.6	-52.0	60.9	60.9	0.0
12	窒素生産フットプリント (kg/人)	−	28.0	1.0	139.8	139.8	2.3
12	活性窒素の純輸入排出量 (kg/人)	−	6.9	-1223.4	965.4	965.4	0.0
13	1人当たりのエネルギー関連CO_2排出量 (t/人)	−	4.5	0.0	45.4	45.4	0.0
13	輸入CO_2排出量 (t/人)	−	0.3	-19.5	48.5	48.5	0.0
13	気候変動の脆弱性モニター (0-1)	−	0.1	0.0	0.4	0.4	0.0
13	化石燃料輸出に含まれるCO_2排出量 (kg/人)	−	4095.3	0.0	150584.3	150584.3	0.0
14	生物多様性に重要な海洋サイトのうち保護されている面積の割合 (%)	+	43.0	0.0	100.0	0.0	100.0
14	海の健康指数―生物多様性 (0-100)	+	88.6	68.0	100.0	68.0	100.0
14	海の健康指数―きれいな水 (0-100)	+	57.3	24.5	100.0	24.5	100.0
14	海の健康指数―漁場 (0-100)	+	47.0	14.3	100.0	14.3	100.0
14	EEZによって過剰利用された、または崩壊した漁業資源 (%)	−	31.5	0.0	100.0	100.0	0.0
14	トロール漁獲率 (%)	−	32.5	0.0	97.4	97.4	1.0
15	生物多様性に重要な陸地のうち保護されている面積の割合 (%)	+	43.9	0.0	100.0	0.0	100.0
15	生物多様性に重要な淡水地域のうち保護されている面積の割合 (%)	+	48.9	0.0	100.0	0.0	100.0

第1部

第2部

第3部

SDG	指標	方向	平均値	最小値	最大値	最悪値	目標値
15	レッドリスト指数 (0-1)	+	0.9	0.4	1.0	0.4	1.0
15	森林面積の年間の変化 (%)	−	8.1	0.0	103.7	103.7	0.6
15	生物多様性への脅威 (100万人当たり)	−	8.8	0.0	236.9	236.9	0.1
16	殺人数 (10万人当たり)	−	7.9	0.3	108.6	108.6	0.3
16	受刑者数 (10万人当たり)	−	167.3	5.2	766.7	766.7	25.0
16	自らの住む地域で夜間に一人で歩いて安全と感じている人口の割合 (%)	+	61.4	17.0	94.0	17.0	90.0
16	政府の効率性 (1-7)	+	3.6	1.6	5.8	1.6	5.6
16	財産権 (1-7)	+	4.3	1.8	6.6	1.8	6.3
16	5歳以下の子供のうち行政機関に登録された割合 (%)	+	83.4	2.7	100.0	2.7	100.0
16	汚職認知指数 (0-100)	+	42.8	9.0	89.0	9.0	88.6
16	児童労働 (%)	−	11.7	0.0	55.8	55.8	0.0
16	通常兵器の輸出 (10万人当たり US $)	−	0.3	0.0	7.9	7.9	0.0
17	公衆衛生及び教育への政府支出の GDP 比 (%)	+	11.3	4.5	23.0	4.5	20.7
17	GNI に占める開発援助割合 (%)	+	0.4	0.1	1.3	0.1	1.0
17	GDP に占める税収 (%)	+	16.3	1.5	37.2	1.5	30.4
17	タックスヘイブンスコア (best 0-5 worst)	−	0.2	0.0	5.0	5.0	0.0

第1部

第2部

第3部

表 3-2 計測結果 (筆者作成)

順位	国名	I_i
1	スイス	84.6
2	デンマーク	82.9
3	スウェーデン	82.8
4	フィンランド	78.3
5	ドイツ	77.2
6	イギリス	77.0
7	オランダ	76.8
8	オーストリア	75.5
9	ノルウェー	75.0
10	ベルギー	74.1
11	ルクセンブルク	72.6
12	オーストラリア	72.3
13	フランス	70.3
14	韓国	69.5
15	アメリカ	69.4
16	シンガポール	68.8
17	アイルランド	67.7
18	カナダ	67.6
19	日本	67.2
20	アイスランド	66.8
21	チェコ	66.7
22	ニュージーランド	65.6
23	イスラエル	65.5
24	エストニア	65.4
25	スロベニア	64.5
26	スペイン	63.7
27	イタリア	62.4
28	アラブ首長国連邦	62.3
29	ポルトガル	57.8
30	スロヴァキア	56.8
31	リヒテンシュタイン	56.6
32	ギリシア	56.6
33	マルタ	56.5
34	ポーランド	55.7
35	クロアチア	55.6
36	ラトビア	55.2
37	ハンガリー	54.8
38	リトアニア	54.5
39	チリ	53.6
40	アンドラ	53.5
41	モナコ	53.2
42	ブルガリア	53.2
43	中国	53.0
44	セントビンセント及びグレナディーン諸島	52.8
45	ベラルーシ	52.4
46	ロシア	51.6
47	マレーシア	51.4
48	キプロス	50.6
49	ルーマニア	49.4
50	ブラジル	48.1
51	南アフリカ	47.9
52	セルビア	47.7
53	コスタリカ	47.6
54	ツバル	47.3
55	クウェート	47.0
56	ブルネイ	46.6
57	キューバ	46.3
58	パラオ	45.8
59	トルコ	45.6
60	アルゼンチン	45.5
61	チュニジア	45.5
62	タイ	45.4
63	レバノン	45.4
64	カタール	45.1
65	バーレーン	45.1
66	アルジェリア	45.0
67	サンマリノ	44.9
68	サウジアラビア	44.7
69	イラン	44.7
70	ペルー	44.6
71	パナマ	44.6
72	モルジブ	44.1
73	ウクライナ	44.0
74	グレナダ	43.8
75	モルドバ	43.3
76	カザフスタン	43.3
77	ジョージア	43.1
78	モロッコ	43.1
79	バルバドス	43.1
80	キリバス	43.1
81	アゼルバイジャン	42.8
82	ナウル	42.8
83	北マケドニア	42.6
84	エクアドル	42.6
85	サントメ・プリンシペ	42.5
86	サモア	42.5
87	メキシコ	42.5
88	ウルグアイ	42.4
89	アルバニア	41.9
90	エジプト	41.8
91	モンテネグロ	41.7
92	セントルシア	41.7
93	コロンビア	41.6
94	アルメニア	41.4
95	ドミニカ	41.4

順位	国名	I	順位	国名	I	順位	国名	I	順位	国名	I	順位	国名	I
96	セイシェル	41.3	116	ガーナ	37.9	136	ジンバブエ	34.1	156	マーシャル諸島	30.3	176	リベリア	26.4
97	ヨルダン	41.3	117	スリランカ	37.9	137	パキスタン	34.0	157	レソト	29.8	177	エチオピア	26.4
98	トンガ	41.1	118	ホンジュラス	37.7	138	ガンビア	33.9	158	トーゴ	29.6	178	北朝鮮	26.0
99	トリニダード・トバゴ	41.1	119	タジキスタン	37.4	139	カーボベルデ	33.8	159	ギニア	29.3	179	モーリタニア	25.7
100	セントクリストファー・ネイビス	40.9	120	ブータン	37.4	140	ドミニカ	33.5	160	カメルーン	29.3	180	イラク	25.7
101	ボリビア	40.9	121	インド	37.0	141	ルワンダ	33.1	161	ザンビア	28.9	181	ジブチ	24.8
102	スリナム	40.8	122	インドネシア	37.0	142	ミクロネシア	32.6	162	コンゴ共和国	28.9	182	マダガスカル	24.5
103	フィジー	40.8	123	ボツワナ	36.8	143	タンザニア	32.2	163	マラウイ	28.3	183	ハイチ	24.4
104	ベトナム	40.7	124	ジャマイカ	36.8	144	トルクメニスタン	32.0	164	シエラレオネ	28.3	184	アンゴラ	23.7
105	ナミビア	40.2	125	ボスニアヘルツェゴビナ	36.5	145	カンボジア	31.9	165	ミャンマー	28.2	185	ソマリア	22.9
106	オマーン	40.1	126	ガボン	36.2	146	バングラデシュ	31.9	166	ブルキナファソ	27.9	186	ギニアビサウ	21.7
107	アンティグア・バーブーダ	39.8	127	ガイアナ	36.0	147	赤道ギニア	31.8	167	ベナン	27.5	187	イエメン	21.5
108	ベネズエラ	39.7	128	モンゴル	35.9	148	ラオス	31.5	168	パプアニューギニア	27.5	188	チャド	20.4
109	ウズベキスタン	39.3	129	バヌアツ	35.5	149	コモロ	31.4	169	シリア	27.4	189	コンゴ民主共和国	19.8
110	フィリピン	39.2	130	ケニア	35.1	150	スワジランド	31.2	170	ニジェール	27.1	190	エリトリア	18.9
111	キルギス	38.8	131	エルサルバドル	34.9	151	東ティモール	31.0	171	ブルンジ	27.1	191	アフガニスタン	18.7
112	パナマ	38.8	132	ウガンダ	34.7	152	モザンビーク	30.9	172	ニジェール	26.9	192	中央アフリカ共和国	18.1
113	モーリシャス	38.7	133	セネガル	34.6	153	グアテマラ	30.9	173	リビア	26.7	193	南スーダン	13.1
114	ニカラグア	38.1	134	ベリーズ	34.4	154	ソロモン諸島	30.7	174	マリ	26.5			
115	パラグアイ	38.1	135	ネパール	34.3	155	コートジボワール	30.7	175	スーダン	26.5			

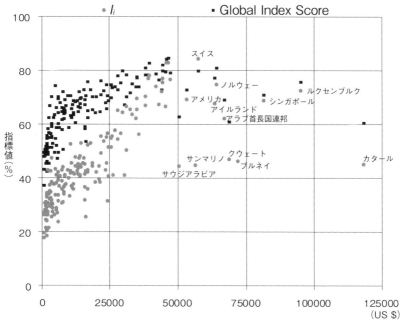

図3-1　一人当たり GDP と統合指標値（I_i）及び Global Index Score の関係（筆者作成）

確認する[18]。図3-1に散布図を示した。

これを読み解くと，一人当たり GDP が5万ドルまでは，一人当たり GDP と I_i には強い相関がみられる。多くの目標が，経済力を背景としなければ達成できないことを暗に示しており，SDGs が「開発目標」であることを物語っている。もちろん鉛直方向の分布が平均から10ポイントほどばらついていることからも，GDP 以外にも重要な要因は存在している。

一方，一人当たり GDP が5万ドルを超えると，2変量間に単純な関係性を見出すことは難しい。一人当たり GDP が5万ドル以上の国のうちスイス，ノルウェー，アメリカ，アイルランドの4カ国は GDP が5万ドルまでの国が示す GDP と統合指標 I_i の強い相関関係の延長線上にあると捉えることもできる。しかしそれ以外の中東の産油国群，シンガポール，ルクセンブルク，サンマリノ[19]は明らかに異なる傾向を示している。

---

18) これは2. ⑨の段階を行うことに相当する。

　単純な結論を導出することはできないが，通常の国々が SDGs 到達へ近づくためには経済成長が必要にみえる。しかし，それだけでは目標を達成しえないことは計測結果が示している。

5　おわりに

　本章をしめくくるにあたり，計測結果を読み解く上で留意すべき点を述べたい。1 点目は，評価結果は多くの仮定とプロセスに依存しているということである。つまり計測結果は評価の一例にすぎない。ゆえに結果を鵜呑みにするのではなく導出の際におかれた仮定や，そもそも何を測定しているのかに注意する必要がある。

　2 点目は，結果は，評価対象（ここでは持続可能性）をいかに概念化（定義）したかに依存することである。筆者があえて「SDGs の意味において」と但し書きするのは，その所以である。つまり，ここでの評価対象はあくまで SDGs が目指す持続可能性であり，そのなかには自然環境への配慮が盛り込まれてはいても，あくまでそれは人間中心主義の価値観のなかで持続可能性を担保するための配慮である[20]。

　それゆえ当然のことながら，統合指標値は人類の福祉水準（well-being）を意味しているものの，たとえばそのために命を搾取される産業動物のような存在の福祉は考慮されていない。人類以外に目を向ければ SDGs から取り残されたものは数多く，そのような個々の存在からみたとき，SDGs は未だ多くの課題を残している。

---

19) サンマリノは全域をイタリアに囲まれた小国である。多くの指標が未整備であり，わずかな指標を基に計測しているため評価結果の不確実性がきわめて大きい。データに欠損の多い国を Sachs et al.（2018）では除外していたが，ここでは一つの試みとしてそのような国についても計測を行った。

20) SDGs は環境への配慮をも踏まえた脱人間中心の画期的な開発目標であるとされる（たとえば，大平（2019）を参照せよ）。しかし，環境への配慮＝脱人間中心とはいえない。SDGs が人間中心主義（humanism）に基づいていることは第 0 章において論じた。

読書案内

① Sachs et al.（2016-2019）. SDG Index and Dashboards Report. Bertelsmann Stiftung and SDSN.

SDGs 達成度を統合指標（CI）を用いて評価したレポートである。本書刊行時点での最新版は 2019 年版である。ちなみに日本では CI による SDGs の評価はあまり知られておらず，包括的富（新国富）による評価が有名である。しかしながら「SDGs の意味での持続可能性」を評価するならば，包括的富は適さない。包括的富は富の構成要素を金銭価値に換算し合算するため，たとえば「男女平等」のような，その概念が金銭価値化されることを拒むような多くの目標を取り込むことができない。Web 上で無料で入手できる。

② OECD & JRC.（2008）. *Handbook on Constructing Composite Indicators: Methodology and User Guide*. OECD Pubrishing.

統合指標を解説した邦語の書籍やレビュー論文は残念ながら存在しない。本格的に勉強したい向きには，このハンドブックを読むことをお勧めする。完全に理解するためには，統計学，多変量解析，数理計画法の知識が必要となるものの，概要を記した第一部だけならその必要はない。Web 上で無料で入手できる。

③コーブ, S. F. ／井上太一 [訳]（2017）.『菜食への疑問に答える 13 章──生き方が変わる，生き方を変える』新評論

SDGs から取り残されたものたちの例として，人間に利用されるためだけに存在する産業動物を挙げよう。本章での分析結果から，途上国が SDGs に近くためには，GDP の増大が必要条件と見られる。このことは結果的に工場式畜産による肉食を推進するだろう。では，裕福な社会に住むわれわれがまずはどうすべきか。その答えは菜食（生活のあらゆる場面で動物由来のものを避けること）である。本書は，論理的でありながら温かみがある。菜食は環境負荷を減らし健康な生活にも寄与する SDGs ときわめて親和性の高いライフスタイルである。

【引用・参考文献】

大平　剛（2019）.「SDGs にみる人間中心型開発思考からの脱却」『国連研究』*20*, 59–79.

高井　亨（2020）.「SDGs の到達度を測る――正射影ベクトルを用いた統合指標作成の試み」『経済論叢』*194*(1), 91–113.

萩原清子（2011）.「費用・便益分析と多基準分析――政策決定の考え方」『佛教大学総合研究所紀要』（別冊：ポスト京都議定書における低炭素循環型社会形成に関する研究），13–57.

Lafortune, G., Fuller, G., Moreno, J., Schmidt-Traub, G., & Kroll, C.（2018）. *SDG index and dashboards detailed methodological paper.* Bertelsmann Stiftung and SDSN.

OECD & JRC（2008）. *Handbook on constructing composite indicators: Methodology and user guide.* OECD Publishing.

Papadimitriou, E., Neves, A. R., & Becker, W.（2019）. *JRC statistical audit of the sustainable development goals index and dashboards.* European Commission Joint Research Centre.

Sachs, J., Schmidt-Traub, G., Kroll, C., Lafortune, G., & Fuller, G.（2018）. *SDG index and dashboards report 2018 global responsibilities: Implementing the goals.* Bertelsmann Stiftung and SDSN.

Sachs, J., Schmidt-Traub, G., Kroll, C., Lafortune, G., & Fuller, G.（2019）. *SDG index and dashboards report 2019 global responsibilities.* Bertelsmann Stiftung and SDSN.

コラム：グルメコーヒーは世界を変える① ─────────

佐藤 伸

1 はじめに ────────
　「一日のはじまりは一杯のコーヒーから」。このフレーズに頷く人がきっと多いことでしょう。一日コーヒーを飲まないと何か物足りなく感じ，ついコンビニに寄るのが日課になっている人も少なくないのではないでしょうか。安価で気軽に買え，身近な飲み物として多くの人々に愛されているコーヒーですが，それとは別に，しっかりお金を払ってでもおいしいコーヒーが飲みたいと，休みの日にカフェでゆったりと時間を過ごすのが楽しみという人もいることでしょう。人の味覚は千差万別，友人知人づてにおいしいからと言われてお店のコーヒーを飲んでみたものの，自分はそうは感じなかったということもしばしばあります。「おいしいコーヒー」は，その人の味覚によるため正解はありません。価格が高いコーヒーがおいしいコーヒーとも限りません。さらに付け加えると，豆以外の抽出方法などの要素も味に大きく影響し，飲み手のその日の体調も関係します。このようにコーヒーは他の食事と同様に，個人の嗜好性が大きく左右する飲み物ではありますが，そんななかでも多くの人々に受け入れられるおいしいコーヒーを作ろうとする動きが近年世界中で広まっています。農園オーナーが手間をかけてつくるコーヒー豆は，たしかに値段は高めですが，それに見合った生豆の品質も保証されます。おいしいコーヒーを求める消費者とその豆を生産する作り手側にとっても大きなメリットとなるグルメコーヒーは，生産者の自立と，それによる持続的なコーヒー生産が可能となる意味でSDGs の目標にもつながります。おいしいコーヒーが飲めて，さらに地球環境にもやさしいなんて，まさにおいしい話です。

2 パッケージが刷り込むイメージ ────────
　我が家の今朝の新聞の折り込みに，輸入食品を扱うお店の広告が入っていました。キリマンジャロ，ブラジル，コロンビアなどのコーヒーが通常価格 100g 当たり 450 円のところ 238 円などと書いてあります。値段だけ見るとずいぶん安いなあと感じます。このチラシを見て，買いに出かける人もきっといると思います。

　コーヒーの商品パッケージに表示されたキリマンジャロ，ブラジル，コロンビアなどは，地名や国名であり，なんとなくのイメージを商品化して区別しているに過ぎません。すなわち，コーヒー豆そのものを説明するための十分な情報ではないということです。たとえば，キリマンジャロはアフリカのタンザニアにあるキリマンジャロ山が名前の由来ですが，この表示から産地はわかったとしても，どのような豆が使われているのかを推察することができません。近年では，アラビカ豆100%使用という表記も目にしますが，アラビカ豆といってもたくさんの種類があり，またいつどこで収穫された豆かわからないので，少し考えると，この表示もあいまいだといえます。

　コーヒー豆がそれぞれの地域や国で作られたものだとしても，誰が，どのような品種の豆をいつ収穫したか，そしてその豆はいつ焙煎された（ここが重要です！）か，その情報は多くのユーザーは知ることができません。たしかに一般の消費者はそこまでの情報を必要とせず，ブラジル産，コロンビア産の豆の味わいはこんな感じというので十分なのかもしれませんが。でも日本のお茶を例に考えてみてください。抹茶，緑茶，ほうじ茶だけでもかなり味わいが違いますので，いくつかの「ブラジル産」コーヒーを飲み比べてみればきっと味に違いがあることでしょう。それらの豆が同じ産地というだけで一括りにされて一般に売られているのが日本を含め多くの国の小売の現状ではないかと思います。

3 自家焙煎で豆を知る

　私もかつてはお店で焙煎豆を購入して飲んでいました。大学生の時にはいろんな種類の豆を試しました。当時はコーヒーミルをもっていなかったため，お店で挽いてもらっていました。グアテマラ・アンティグアが当時の好みでした。挽きたてのコーヒーはとても香りがよく，おいしいと感じて飲んでいたものの，翌日には香りが消えてしまうこといつも残念に思っていたものです。その後，焙煎された市販のコーヒー豆では満足できなくなり，自分に合うコーヒーの味を求めて自分で焙煎するようになりました。自分で初めて焙煎したのは大学院生の頃です。研究中心の生活のなかで，焙煎は私の息抜きの時間にもなっていました。アパートの建物の端の部屋でしたが，夜中に焙煎したこともあったので，周りの部屋の住人には大きな迷惑だったかもしれません。

　自家焙煎を始めて，まずは世界のコーヒー生産国の豆を一通り飲んでみようと思い，10数ヶ国の生豆を取り寄せてみました。生産地の違いでどう

味が違うかとても興味があったからです。そこでわかったことは，国というよりも大陸ごとで味わいの傾向があるということでした。しかしそれ以上に味わいを決めるのは焙煎度の違いでした。同じ豆でも浅煎り，中煎り，深煎りで味わいが大きく異なります。焙煎したコーヒー豆の表面に油が浮き出てきているものもよく見かけますが，これは深煎り豆です。飲んでみて直感的に苦いコーヒーはどれも深煎りだと思います。コーヒーにはミルクと砂糖を入れて飲むものという形式になっている多くの国では深く強めの焙煎が好まれます。一方で煎りを浅くすると，酸味や渋みが協調されるようになります。酸っぱいコーヒーは苦手という人もよく聞きますが，豆のもつ個性を味わいで区別するには，浅く焙煎したほうがはっきり出ます。品質や味わいのバラツキを抑え，安定した商品にするためには焙煎は強めが無難です。こうなってくると，豆の品質よりも焙煎度でいかに酸味の少ないコーヒーに仕上げるか，焙煎の腕がコーヒーの味に反映されるようになり，今のような市販コーヒーのかたちになったのだと想像します。決しておいしくないわけではありませんが，コーヒーとは「苦くて濃い飲み物」と思って飲んでいるのではないでしょうか。

……（続きは☞152頁へ）

第 2 部

SDGs 達成のための
自然・技術・人間系の構築

04 持続的な自然と物理法則

足利裕人

> キーワード：エントロピー，質量とエネルギーの保存，熱力学第一法則，熱力学第二法則，熱機関

1 はじめに

　自然環境には，自然界を支配する大法則がある。持続可能な自然環境の構築には，このことを意識して取り組む必要があり，それは経済の仕組みにも応用されるものである。地球というさまざまな元素で構成された閉鎖環境は「宇宙船地球号」とよばれる。

　構成元素は少しの例外（ウランやトリウムなどを基にする核種が放射性崩壊をして安定な鉄に変わる）を除いて，化学変化を行っても異なる元素にはならず，未来永劫その元素が地球上に存在し続ける。「質量保存法則」は，化学変化が生じて新しい物質が生じても，外部とやりとりがない限り，質量の総和は変わらないことを示す。たとえば，新しい生命体が生まれても，その生命体の身体は過去の生命体を含む地上の物質で構成され，常に生成流転し，地球上の質量の総和は変わらない。産業によって新しい製品が生まれても同様である。その生命体や生産物を構築する原料も，過去の地上の物質を原材料にして構成されており，地球の質量は常に一定に保たれる。地球上では「無」から「有」は生み出されない。

　地球にやってくるエネルギーは太陽からの輻射光だけである。光のエネルギーは地上の物質に吸収され，熱となって地球の気候や気象現象を引き起こし，空気の循環（風）や海水の対流により，熱や水や物質の一部を循環させている。「エネルギー保存則」により，エネルギーは形態を変えることはあっても消滅しない。太陽から一方的にエネルギーをもらい続けたら，地球の温度が上昇して灼熱の惑星になり，

生物は住めなくなる。そこで，地球からは宇宙に向かって赤外線として光を放出し，地球表面のエネルギーを一定に保つ。また，光の一部は植物の光合成に使われ，生態的に地球上の炭素を循環させている。

　自然界は熱力学第二法則である「エントロピー増大の法則」によって，秩序の低い方向へ向かう。エントロピーを高めるにはその系へのエネルギーの流入が必要で，そのエネルギーを用いて生命活動が行われ，生命体が構築物を建造したり，製品を製造したりする。

　ところで，自然界を維持する力を自然自身も備えている。「自然は変化を嫌う」という性質である。変化が起きると，その変化を打ち消すように自然界は進もうとする。その力をうまく引き出し利用することも必要であるが，現在はその力の限界を超えないように人類の活動を制御することが急務である。

2　機械万能の世界観の功罪

■2-1　有限な地球資源と持続的地球環境

　人類を含む全生命の生活基盤が，資源が有限な「宇宙船地球号」である。この地球環境を良好に保ち，将来の世代へ引き継いでいくためには，根本的に世界観を変えないといけない。また，限られた資源を効率的に使用したり，環境破壊を抑制したりする技術革新が必要である。石油・石炭の化石燃料の大量使用による二酸化炭素の排出は，解決困難な地球温暖化を促進させ，また，資源の枯渇も目の前の問題となっている。今問い直すべきは，大量生産・大量消費・大量廃棄型の社会経済活動や生活様式のあり方であり，生産と消費のパターンを持続可能なものに変えていかないといけない。有限な地球環境を真正面からとらえ，技術革新も交えて持続性の維持が可能になる方法を考える。持続可能な開発は，すべての人々にとって妥当な生活の価値が見いだされないといけない。人間も生態系の一員であり，これを破壊することなく，有限な環境の範囲のなかで環境を持続的なパターンで利用し発展させなければならない。

■2-2　工業化と地球環境の劣化

　人類が自然を変えることになった最大の原因は火の使用である。熱と光のエネルギーを駆使するようになった人類は，他の生物を凌駕する力を得ることになった。人類の活動の急激な拡大は　地球環境を変えるほどに膨らんでしまった。

　工業化のツケをみてみよう。二酸化炭素排出による地球規模の温暖化は，現在
50％は化石燃料の使用によるとされている。また，二酸化炭素よりメタンは25倍
も温室効果が高く（地球温暖化係数 GWP：Global Warming Potential），水田からも家
畜のゲップやゴミ集積場からも排出される。窒素酸化物は化学肥料の使用で生じる
が，二酸化炭素の300倍も温室効果が高い。また，森林伐採や焼畑により植物が失
われ，二酸化炭素の吸収を阻害している。地球温暖化は海水の膨張による国土の喪
失や，生態系の破壊をもたらす。工業化による公害の発生は，人類を含む全生態系
の健康を損ねている。火力発電や石炭暖房，自動車の排気ガス等は窒素酸化物や硫
黄酸化物を生産して大気汚染を生じ，酸性雨の原因となっている。また，鉱業は土
地や水の重金属・薬品汚染を生じ，その土地周辺の住民の健康を犯している。フロ
ンガス等の冷媒使用やIC部品の洗浄は，長期にわたるオゾン層の破壊を招き，生
体に化学変化を引き起こすエネルギーの高い紫外線を増加させ，生物の生存をおび
やかしている。工業化で増大した人口を養うための大規模な農業や森林破壊は土壌
の衰弱を促進させ，化学肥料や農薬の使用はそれをますます加速させ，地球規模の
砂漠化が進んでいる。この現実の地球規模にまで及んできた工業化による環境破壊
や化石燃料やウランのエネルギー資源の枯渇は，世界観を変えないと持続社会があ
りえない夢となることを示唆している。

■ 2-3　科学革命と機械万能の世界観

　工業化社会の礎の理論は，17世紀〜18世紀の「科学革命」にある。イギリスの
フランシス・ベーコンは，帰納法（実験と観察の結果から一般法則を導く手法）にもと
づく経験論的合理主義を唱え，経験論的な思考法がイギリス社会の多くの分野で優
勢となった。一方，フランスのルネ・デカルト（1596-1650）は，演繹法（数学的な
証明法によって真理に到達する）にもとづく合理的な思考法を主張した。17世紀後半
には，これら二つの思考方法を基盤に，自然科学が近代的な学問として確立し，イ
ギリスでは，建築家クリストファー・レン（1632-1723）らによって王立協会が創設
され，気体圧力の法則を発見したロバート・ボイル（1626-1691）など，多くの科学
者が現れた。このボイルの弟子が近代科学の父とよばれるアイザック・ニュートン
（1642-1727）である。彼の「科学革命」への影響は，物理学，数学，化学，医学な
ど多方面におよんだが，万有引力の法則や，すべての物体の未来も予言できるとし
た「運動の法則」などの物理学は，その力学的宇宙観によって，これ以後20世紀に
なってアルベルト・アインシュタインの相対性理論が打ち出されるまでの古典的科

学的思考の基礎となり，また，産業革命とそれに続く工業化の技術の基礎ともなった「時計仕掛け」の機械的世界観を構築した。この機械化万能の考えが産業革命を生み，ひいては短期的な利益の追求が長期的な持続性を代償とする環境破壊を引き起こすこととなった。

　この持続性のない世界を救うには，機械万能の力学的世界観から熱力学的世界観への転換が必要である。

3　質量とエネルギーの保存法則

　原子，分子及び化学量論の概念を確立し，「近代化学の父」とよばれたのは，フランスの科学者アントワーヌ・ラヴォアジエ（1743-1794）である。彼は1774年，精密な定量実験を重ねた結果，化学反応の前後で質量が変化しないとの結論を得て，後に元素の概念と合わせて「質量保存の法則」を提唱した。ラヴォアジエは，化学反応によっては元素が分裂して増加したり，消滅して減少したり他の元素に転化したりしないと述べ，物質は不滅であるとする「物質不滅の法則」が唱えられるようになった。

　この考えは，20世紀初頭にアルベルト・アインシュタイン（1879-1955）が相対性理論のなかで $E = mc^2$ という式を提示し，質量とエネルギーは等価関係にあるとしたことにより修正された。聖書の創世記では，神は初めに天と地を創造し，そして光を与えているが，物質と光の相互変換を予言しているようにも読める。ナトリウム22という放射性元素は反物質の陽電子（通常の電子と反対の電荷をもつ，電荷が正の電子）を放出するため，筆者は霧箱（アルコールの過飽和の蒸気中に放射線の飛跡が観察できる装置）内で強い磁場の元で，電子と反対向きに回転する様子を観察する学生実験に利用しているが，すぐ周囲の電子と結びついてガンマ線が検出される。電子や陽電子は質量をもつ物質であり，ガンマ線はエネルギーの高い電磁波であり，光である。つまり，実験室内で物質が光に変換されているのである。逆にガンマ線が物質の電子と反物質の陽電子に変換することも，霧箱内の飛跡の観察から確認できる。

　相対性理論が認められるようになると，質量保存の法則や物質不滅の法則は，自然の基本法則としては完全に破棄されることとなったが，現代物理学では，「質量の総和が一定である」という命題は日常的な場面において，近似的に成立するものとされている。エネルギーが吸収・放出される化学反応でも，一部の質量が変化し

ている。現在では，「化学反応の前後で，それに関与する元素の種類と各々の物質
量（モルの単位であらわされる。物質の量をその物質を構成する単位粒子の数によって表
したもの）は変わらない」という表現がより正確な表現となる。高エネルギーの素
粒子反応においては粒子が消滅したり，新しく創られたりすることはごく普通の現
象であるが，質量とエネルギーの等価性は自然科学の多くの分野では問題とならな
いのである。

　質量とエネルギーが保存されるということは，言い換えると「宇宙の物質とエネ
ルギーの総和は一定で，生成・消滅はしない」。つまり，　無から有は生じないとい
うことである。なにか製品や建造物を作るには，物質とエネルギーは必要であると
いうことを示している。

４　熱力学の世界

■ 4-1　熱力学第一法則

　鍋に入れた水をコンロで加熱すると，熱が水に移動して水の温度が上がり，蒸発
した水蒸気の圧力で鍋のふたが持ち上がる。加熱された水の分子は熱を得て，分子
間の束縛の力に逆らって振動するエネルギーをもつ。また，水から蒸発して出てき
た水蒸気は，大きな速さで運動している。これらの個々の水分子の力学的なエネル
ギーの総和を内部エネルギーという。コンロから水に与えられた熱が，水の内部エ
ネルギーを増やし，また，ふたを持ち上げたり，鍋の外の気体を押し上げたりする
仕事をする。熱力学第一法則は，「ある系に加えた熱が，内部エネルギーの増加と仕
事の和に等しい」という法則である。熱で動作する熱機関の蒸気エンジンでは，ボ
イラーを加熱して高温，高圧の蒸気が高速で動くようになり，内部エネルギーを高
めてピストンを押し動かす仕事をし，残った熱が復水器へ移動して機関を冷やす。
加熱により系へ移動したエネルギーである熱は，移動先の物体を温めて温度に応じ
た固体や液体の分子を振動させ，または気体の直進運動を速くして内部エネルギー
を増やし，外部へ仕事を行うのである。復水器へ移動した熱は廃棄されるエネル
ギーの最終形態であり，低い温度の低質のエネルギーになる。地球上で廃棄された
熱は，宇宙へ赤外線として放出される。

　また，熱力学第一法則は，熱や仕事の出入りがエネルギー保存則に従うことを示
す。このことは，「何もエネルギーを補給せずに仕事をし続ける装置（第一種の永久
機関）は存在しないことを示している。何も食べずに生き続けることはできないよ

うに，人類の活動には，エネルギーやそれを生み出す資源が必要である。地球環境の維持のために，エネルギーを使わずに活動することはできない。

■4-2　熱力学第二法則

　暖かい海水から熱をもらって走り続ける船や，食べた食糧をすべてエネルギーに変え，排泄もせずに動き続ける生物はいない。寒い戸外の大気から暖かい室内（エアコンによる暖房の例）へ，仕事をすることなく熱を移動させることはできない。これらの例は，熱力学第一法則に反してはいないが，熱力学第二法則によって制約されている。熱力学第二法則は，「熱をすべて仕事に変えて，何の変化も残さないことは不可能である」と言っている。このような第二種永久機関はできないのである。「水の低きに流るるがごとく」「覆水盆に返らず」「形あるもの，かならず壊れる」などの言葉は，自然界には方向性があることを説明している。熱力学第二法則は，自然界の方向性も示している。熱は高温物体から低温物体へ移動する。物質やエネルギーは，使用可能な状態から使用不可能な状態へ移る。

■4-3　熱機関

　人類の活動は，蒸気機関やガソリンエンジンなどの熱をエネルギー源として動作する熱機関に似ている。熱機関の動作原理図を図4-1に示す。熱機関には高温の熱源（蒸気機関のボイラー，ガソリンエンジンではシリンダー内の燃焼による熱を利用）と低温の熱源（蒸気機関の復水器，ガソリンエンジンのラジエター等）が必要である。熱は熱エネルギー第二法則により，高温部分から低温部分に移動し，その際，熱機関を動かして仕事 W を行う。高温熱源から熱機関へ移動した熱量を Q_H，低温熱源へ移動した熱量を Q_L とすると，熱機関の効率 η は

$$\eta = \frac{W}{Q_H} = \frac{Q_H - Q_L}{Q_H} = 1 - \frac{Q_L}{Q_H} \tag{1}$$

で表される。効率を高めて仕事を増やすには捨てる熱 Q_L を少なくすることである。しかし，Q_L を0にすることはできない。低温熱源で冷やさないと熱が熱機関へ移動できず，瞬くうちにオーバーヒートしてしまう。エネルギーをすべて仕事に変えることができないのは，第二種永久機関ができないことを示している。ところで，理想的な熱機関（カルノーサイクル：理想気体を利用し，等温膨張，断熱膨張，等温圧縮，断熱圧縮の1サイクルで動かす熱機関）では，高温熱源の熱力学温度（絶対温度）を T_H,

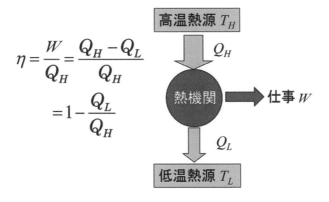

図 4-1　**熱機関の効率**

低温熱源の熱力学温度を T_L とすると，(1) 式の効率は

$$\eta = 1 - \frac{T_L}{T_H} \tag{2}$$

と表される。これは，高温熱源の温度を上げるほど，また，低温熱源の温度を下げるほど熱効率がよくなることを示す。しかし，実際にはエンジンの金属が圧力で破壊されたり，融けたりするような高温にすることはできない。通常地上の熱機関では T_L は室温なので 300K 程度，T_H は 2,300K 程度である。ガソリンエンジンはオットーサイクルという最高 50% 程度のエンジンサイクルであり，実際の効率はもっと下がる。熱機関では低温熱源に捨てられた廃熱はまわりの大気に蓄えられる。

　ヒートポンプは効率のよい冷暖房装置としてエアコンに利用されている。原理は熱機関のちょうど逆で，電気エネルギーでポンプに仕事をさせ，暖房の場合，外気の低温熱源から熱を得て，室内の高温熱源へ熱を移動し，放出している。

　地球での全生物の活動を熱機関として考えると，まさに太陽を高温熱源，宇宙空間を低温熱源と捉えることができる。

■ 4-4　エントロピー増大の法則

　熱力学第二法則は，「自然界は秩序あるものから無秩序なもの（混沌と荒廃）へと変化する」ともいっている。どこかで秩序が生まれると，周辺でより大きな無秩序が生まれる。このことは持続する環境を考える際に十分意識しておかないといけな

いことであり，「無秩序つまりバラバラの状態を表す程度」に対し，エントロピーという数学的に計算できる熱力学的量が考えられた。エントロピーは，状態が変化するときの不可逆性の度合いでもある。系の全体のエントロピーは「エネルギーの質が低下するとき」「物質がしめる空間が拡大するとき」に増加する。人類を含め，地球上の全活動には熱力学第二法則がはたらき，全体のエントロピーは増大する。エントロピーは資源や環境を考えるのに重要な概念であり，人間社会の豊かな活動を維持し，持続的に発展することを考える際に，増大するエントロピーへの対応を考える必要がある。生命体は，エネルギーを用いてエントロピーの低い秩序正しいものを構築する。人類が製品を作ったり，ビルを建てたりするように，ミツバチは六角形のハニカム構造の巣を作り，シロアリの中には，温度調節ができる多くの部屋を持つ，人の背丈を超えるアリ塚を建築するものがある。一方これらの製品や建築物もエジプトのスフィンクスの顔が風化していくように，時間とともに太陽からの光や熱により劣化し，崩れ落ち，エントロピーは高くなる。環境の定常的維持のためには，エントロピーを一定に保つための人類を含めた生命体の持続的な活動が必要がある。

　しかし，人間社会を熱力学的な系とすると，その系内で活動するには低エントロピーの物質や，エネルギーを取り入れて活動しければならない。このときエントロピーが生成され増大していくので，定期的に外部に放出する必要がある。この外部が周囲の自然環境に蓄積されれば，地球環境は悪化していく。そこで，宇宙空間へエネルギーの最終形態としての熱を赤外線として放出していくのである。地球は，太陽からのエネルギーを常に受け取っている。エントロピーを熱の尺度でみると，表面温度が6,000℃近い太陽のような高温の熱源から受け取る熱のエントロピーは低く，40℃以下のお風呂の残り湯のような低温の熱源から受け取る熱のエントロピーは高い。この太陽からのエントロピー供給と，宇宙空間への高エントロピーの排熱の輻射により，地球環境の定常状態を保つことができる。閉鎖された地球環境は物質的に閉じており，物質資源は低エントロピーで，廃棄物は高エントロピーである。この高エントロピー物質は，太陽光の低エントロピーを使って，低エントロピーの物質や熱に変換することができる。たとえば二酸化炭素の場合，植物の光合成（炭酸同化作用）を利用して，

太陽光(紫外線＋可視光線＋赤外線)＋ $6CO_2$ ＋ $12H_2O$
$\rightarrow C_6H_{12}O_6$ ＋ $6O_2$ ＋ $6H_2O$ ＋赤外線

図 4-2　持続的な物質の循環とエネルギー

となり，1 モルの糖類 $C_6H_{12}O_6$ をつくりだすのにエントロピーが + 235kJ/K 増加する。空気中の廃棄物としての二酸化炭素は H_2O と化合して資源として $C_6H_{12}O_6$ を作り出し，燃焼や酸化の化学反応に必要な O_2 を作り出す。図 4-2 は地球全体のエネルギーと物質の持続的循環のモデルである。限られた地球の資源を循環させ，人類の活動にともなって生産したエントロピーは，すべて熱として宇宙空間に放出するのが，人類社会も含めた理想の地球の定常状態である。化石燃料は，生物の遺骸や鉱物が何億年もかけて変性を受けて生産されてきた限られた資源である。一次エネルギーとしての大量消費は，人類の活動のための熱を生み出すとともに，大気中に大量の二酸化炭素を排出し，この高エントロピー廃物を蓄積し，温暖化を促進し，地球環境の定常性を攪乱している。人類が現在の科学で化石燃料を二酸化炭素から大量に作り出すことはほぼ不可能であり，一方的に高エントロピーを生み出し，蓄積している。化石燃料はもう使ってはいけないと考えるべきである。地球表面に届く太陽のエネルギーは 1.24×10^{14} kW であり，2020 年にはその 0.025 ％が人類の消費エネルギーとして見積もられる。太陽光から得られる自然エネルギーは無尽蔵と考えてもよいので，将来的に一次エネルギーとしてその利用を進める必要がある。ただし，自然エネルギーには広範囲から集める必要がある低密度性や，日照時間や雲の量などによる地域の局在性，季節や昼夜による時間変動などの根本的な技術課題がある。太陽からの自然エネルギーで，水を熱化学分解や光分解等で水素を生産

すれば，水素はエネルギーを貯蔵し，移動する物質となるため，エントロピーの輸送にも好都合である。低質のエネルギーとしての熱に変換することなく，水素燃料電池として化学反応から効率よく電気を取り出す技術は，たいへん有望である。

5 おわりに

　自然界にも「出る杭は打たれる」法則があり，自然界の恒常性を維持するために，「自然は変化を嫌う」という性質がある。化学では圧力や物質量が増えると，それを打ち消す方向に化学反応が進むル・シャトリエの法則があり，物理では磁界内のコイルの運動を妨げるように電流が発生し，発電機の原理となる電磁誘導が有名である。大気中に二酸化炭素が増えれば植物が増え，それを抑制してくれていた。しかし，人類活動が限界を超えると「出過ぎた杭は打てない」状態になる。もともと地球環境にない，原子力発電所や原子爆弾等が作り出した放射性物質の浄化能力は地球には存在せず，すべて地球環境を汚染し続ける。原子力発電は，かつて二酸化炭素を出さないクリーンなエネルギーであると電力会社は宣伝してきたが，取返しのつかない放射能汚染源であり，一度放出された放射性物質は除染しても場所を移動するだけで，その半減期にしたがって放射線を出し続ける。原発は「トイレのないマンション」にたとえられるが，生産し続ける高レベルの放射性廃棄物の安全な最終処分場は地球上に存在せず，膨大な資源・エネルギー・用地・人材，また，これらのための費用が必要である。原子力発電の負の遺産が後の社会に与える悪影響を最小にする方法を追求することは，緊急の課題である。また，鉱山から鉱石を掘り出し，精錬するのに大量のエネルギーや水，薬品を使う。わずかな金属がエントロピーの大きな大量の残渣を作り出し，海洋へ多くの毒性物質を排出している。鉱石に戻して地中へ埋めることはほぼ不可能である。精製のため生じる大量の汚染水が住民の健康を損ねるのも大きな問題である。生産物から資源を回収し，掘りつくさないことが課題である。都市鉱山は資源の再利用として注目に値する。子孫には多様な資源も，多種のエネルギーも，持続的環境の維持のために有効に使えるシステムを構築して残さないといけない。プラスチックは加工しやすく，強度があり，軽いため，石油を用いて大量に利用されてきた。しかも一番の特徴は腐食に強いことである。しかし，この腐らない性質が海洋プラスチックごみの問題を引き起こしている。石油からではなく，植物を材料とする生分解性のものに変えないといけない。

読書案内

①リフキン, J. ／竹内　均［訳］（1990）．『エントロピーの法則──地球の環境破壊を救う英知』祥伝社

エントロピーの法則を人間社会のなかに 持ち込んで，世界に衝撃を与えた最初の書であり，副題に「地球の環境破壊を救う英知」とあるように，従来の誤った固定概念を払拭することを説いている。「エントロピー増大の法則」は，地球の物理的限界やエネルギーの有限性を明確に示し，人間はその限界を超えられず，この法則に支配され続ける。エントロピーの概念を無視し続ける社会に永続的発展はなく，人類の存亡にかかわることを示唆している。

②アトキンス, P. W. ／斉藤隆央［訳］（2009）．『万物を駆動する四つの法則──科学の基本，熱力学を究める』早川書房

世界を記述する法則のなかで熱力学の四つの法則ほど強大なものはないとし，それら諸法則の基本概念を最低限の数式だけを用い，わかりやすい言葉で解説している。熱がこの世界で果たしている役割や，その形態変化について，また，エントロピーがエネルギーの質を表す尺度であるとともに，自然界で自発的に変化が生じるための指標でもあることを示している。ヘルムホルツ・エネルギーやギブス・エネルギーも，実例をあげながら解説している。

③大野公一（2001）．『基礎から学ぶ熱力学』岩波書店

熱力学は 熱機関，ヒートポンプ等身近な器具から，自然界の原理や環境問題などを考える際の，自然科学的概念や手法を身に着ける上で中心になる学問であるが，「熱力学はわかりにくい」といわれる。その原因に，教科書の記述にあいまいさや短絡的解釈があげられる。本書は熱力学用語や数式をわかりやすく系統的に整理し，論理展開を明確・厳密にして，読者のつまづきを減らす工夫を行っている。

【引用・参考文献】
太田健一郎・石原顕光（2005）．「水素エネルギー社会への展望」『表面技術』*56*(4), 170-175.
大野公一（2001）．『基礎から学ぶ熱力学』岩波書店

05 バイオマスでの水素製造がもたらす持続可能なエネルギー供給

エネルギーモデルの地球環境への有効性

田島正喜

キーワード：バイオマス，水素エネルギー，燃料電池，下水汚泥消化ガス，CCS，カーボンポジティブ（ネガティブエミッション）

1 はじめに

　近年，地球温暖化に対するエネルギーの環境影響へ対処法の一つとして，将来有効な二次エネルギー形態である水素エネルギーが注目されている。水素は自然界での賦存量（理論的に導き出された総量）はほとんどないが，さまざまな一次エネルギーから製造でき，電気と相互変換可能な唯一のガス体エネルギーであり，燃焼しても水のみしか生成しない点で，非常にクリーンなエネルギーであるといえる。バイオマスからの水素製造は，再生可能エネルギーであるバイオマスを用いるため，LCA（Life Cycle Assessment）[1] でみたときに，さまざまな水素製造方法と比較してもきわめて有効な手法である。加えて水素製造時に生成する CO_2 を分離回収すれば（CCS），カーボンニュートラルなバイオマス利活用からカーボンポジティブな BECCS（Bioenergy with CCS）システムへと移行可能であり，すでに放出した大気中の CO_2 を削減できる画期的なモデルとなりうる。このモデルは SDGs の掲げる，再生可能エネルギーを拡大（目標7）させ，科学技術を促進（目標9）することで，気候変動における影響を低減（目標13）できる技術である。

---

1) LCA（Life Cycle Assessment）：ライフサイクルアセスメント　ここでは，エネルギーの採掘から輸送，貯蔵，供給，消費に至る上流から下流までのライフサイクル全体を通して，すべての CO_2 排出量を総計して評価することを意味している。

2 水素エネルギー社会

■ 2-1 水素物性とエネルギー特性

水素は，分子状では自然界で天然ガス中に十分の 1ppm 程度しか存在していない。しかし，原子状ではさまざまな物質に内在しており，そのなかでも水（H_2O）中の水素は賦存量が多い。そのほか，炭化水素や水素化物中にも原子状で存在している。

水素分子は，空気中の酸素と結びついて酸化，燃焼することで，$12.75MJ/m^3$ の燃焼熱を発生する可燃性物質である。この燃焼熱は可燃性ガス中ではもっとも低い発熱量であるため，水素をガス体エネルギーとして使用する利点は今までは少なかったといえる。しかし可燃性ガス中でもっとも軽いため，重量当たりの発熱量は，逆に最大となる特質をもっている。したがって水素は，エネルギーとしてはもっぱら，液体（常圧では $-252.9℃$ 以下で液化）燃料として用い，もっとも軽い燃料で最大の推進力を得る目的で，ロケット燃料に使用されてきた。

可燃性物質の大気中の燃焼では，燃焼範囲が定義される。これは爆発限界[2]ともよばれ，水素では下限界 4.1％から上限界 74.2％の範囲である。都市ガスの主成分であるメタンの 5.0％から 15.0％に比べ，広い範囲となっている。水素の爆発限界は他の可燃性物質のそれに比べても広く，水素が「危険な」ガスであると一般に認識されやすいのはこの点からも窺える。ただし，軽量で拡散しやすい特性を考えると，漏洩時には滞留させずすみやかに放散できれば過度に危険性を強調する必要はない。他のエネルギー源となる可燃性ガス同様，適正な管理が必要である。

水素ガスはエネルギーとしては劣質であるため，かつてからあまり注視されてこなかったが，近年は将来の有効な二次エネルギーとして注目され始めている。それは，燃焼ガスとしてではなく，燃料電池への原料ガスとしてである。燃料電池は水素と酸素から水を生成する過程で電気エネルギーを直接得る技術で，燃焼ガスから内燃機関を経て発電する技術に比べ，きわめて発電効率が高い（後述）。近年，燃料電池技術の進展が図られ，商品化に至るにおいて，水素エネルギーの価値が一段と高くなってきた。また，非常に使い勝手がよく有効な二次エネルギーである電気と，相互変換可能な唯一のガス体二次エネルギーでもある。電気から水素を製造できる

2）爆発限界（燃焼限界）：熱・光・音などを伴う，急激な燃焼状態を爆発という。可燃性物質が空気中で燃焼する場合，空気との混合割合が薄過ぎても，濃過ぎても燃焼できない。燃焼できる最低濃度を燃焼（爆発）下限界，最高濃度を燃焼（爆発）上限界という。

（水の電気分解）し，水素から電気も製造できる（燃料電池）。たとえば，同じ二次エネルギーの都市ガスでは，（ガスエンジン発電などを通して）都市ガスから電気は製造できるが電気から都市ガスは製造できない。このため水素はエネルギーキャリアともよばれ，輸送や貯蔵しにくい電気を必要に応じて水素に変換し輸送，貯蔵し，使用時には電気エネルギーとして用いる利便性がある。

■ 2-2　水素製造方法

　上述の通り，分子状水素を活用するためには物質中にある原子状の水素から水素分子を製造する必要がある。そのためには別にエネルギー（一次エネルギー）が必要である。水素はさまざまな一次エネルギーから製造することができる。石油，石炭，天然ガスといった化石燃料から，水力，太陽光，風力，地熱，バイオマスといった再生可能エネルギー，また原子力エネルギーからの製造も可能である。

　水素の利活用時には水しか生成しない点，CO_2 を発生させず環境影響度はきわめて低いエネルギーといえるが，水素製造時に，その製造過程によっては多量の CO_2 を発生させる可能性がある。水素エネルギー社会を考えた場合，利用時の環境性のみに着目するのではなく，一次エネルギーの採掘，輸送，水素製造，水素輸送等，LCA の観点で総合的に評価する必要がある。

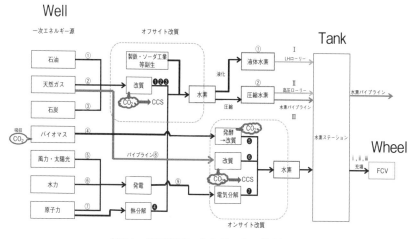

図 5-1　水素製造のエネルギーパス（著者作成）

第1部

第2部

第3部

3 燃料電池アプリケーションの開発

■ 3-1　燃料電池システムの優位性

　地球温暖化対策に資する水素エネルギーシステムが近年注目され始めたのは，各種燃料電池システムが具現化してきたからである。

　燃料電池は，水素と大気中の酸素から水を生成する過程で水素のもつ化学エネルギーから直接電気エネルギーを得るシステムである。

　水素のもつ化学エネルギー変化（ΔH：エンタルピー[3]：286kJ/mol）は，熱力学第二法則から，$\Delta H = \Delta G + T\Delta S$ と定義できる。ΔG はギブスの自由エネルギー変化[4]，ΔS はエントロピー変化[5]，T は温度である。エントロピー変化は，$\Delta S = \Delta Q/T$ で定義される（ΔQ：熱量変化）。常温（25℃ = 298K）では，$\Delta G = 237$kJ/mol，従って $T\Delta S = 49$kJ/mol　となる。熱量変化に値する $T\Delta S$ は不可逆であり，この熱はエネルギーとしては回収できない。燃料電池は，可逆である自由エネルギー変化分から電気エネルギーを取り出す。ファラデーの法則より，U（分解電圧）$= \Delta G/nF$（n：移動電荷，F：ファラデー定数，96,485C/mol）から，$U = 1.228$V の電圧が得られることになる。このことはすなわち，水素がもっている化学エネルギー（286kJ/mol）のうち自由エネルギー分（237kJ/mol）から電気エネルギーを得ることを示している。したがって，エネルギー変換効率は，$\eta = 237/286 = 0.829$ となり，

---

3) エンタルピー：エネルギーの状態量（圧力や温度，体積を定義する量）の一つ。化学反応の場合変化量で定義される。圧力一定の場合の化学反応前後における移動したエネルギー総量を示している。

4) ギブスの自由エネルギー：変化量として物質のもっている内部エネルギーのうち仕事に変換できるエネルギー量をいう。他にヘルムホルツの自由エネルギー（F）があり，$G = F + pV$の関係があり，区別される。

5) エントロピー：熱力学の状態量の一つ。化学反応では変化量として，$\Delta S = \Delta Q/T$ で定義される。（T は温度，ΔQ は熱エネルギー変化量）熱力学第二法則は，熱の不可逆性を定義している。化学反応でエネルギーは保存されるが（熱力学第一法則），反応により変換されたエネルギーのうち不可逆（もとに戻ることができない）な（熱）エネルギーが存在する。さまざまなエネルギーは使用に際し，変換されて用いられる。たとえば化学エネルギーから電気エネルギーを生成するなど。エネルギーは保存されるものの，すべてのエネルギーは最終的には使用できない不可逆な熱エネルギーに変換され大気中に放出される。したがってエントロピーは常に増大する方向にある。
　熱力学に関する解説は，工学系の大学教科書「物理化学」にくわしい。「マッカリーサイモン物理化学」（下巻）の記述が秀逸である。

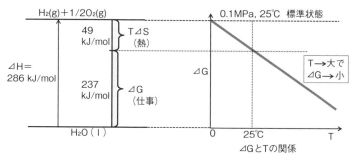

図 5-2　燃料電池の発電の仕組み　熱力学的考察 （著者作成）

理想的には発電効率82.9％もの高効率なエネルギー変換が可能であることがわかる。
これに比べ，ガスエンジンやガスタービンなどの内燃機関を用いる典型的な現行の
発電方式では，同様な水素内燃機関を想定した場合，水素のもっている化学エネル
ギーを燃焼によってすべて熱エネルギーに変換した後，エンジンやタービンなどの
機械設備の運動エネルギーに変換し，その回転力で発電機を駆動する過程を経るた
め，発電効率は10-30％程度にとどまる。現在開発されている燃料電池システムで
は発電効率約60％を達成しており，いかに燃料電池システムの発電効率が高いか
がよくわかる。

■ 3-2　燃料電池自動車（Fuel Cell Vehicle：FCV）

　燃料電池のアプリケーションとして近年とくに注目を集めたのは，燃料電池自
動車の商用化がなされたことであろう。2015 年 11 月にトヨタより燃料電池自動車
「MIRAI」が商用販売を開始した。開発には数十年の歳月がかかったが，数世代の
試作車を経て採算が得られる商用車を世界に先駆けて世に送り出したことは非常に
画期的な出来事だといえる。日本における産業セクター別 CO_2 排出量のうち輸送
部門の占める割合は約 20％程度であるが，その大半は自動車からの排出である。自
動車製造業各社は環境対策を重視し，ガソリンや軽油といった石油系燃料からの脱
皮を図るべく，ハイブリッド（HV）車，プラグインハイブリッド（PHV）車に続く

次世代自動車として，電気自動車（EV），そして燃料電池車（FCV）の開発を進めて
きた。EV，FCV とも走行時には CO_2 を発生しない。ただし，電気あるいは水素製
造時に CO_2 を発生させる可能性があるため，CO_2 発生量を少なくする配慮及び，石
油系原料に代わる新たなインフラ形成が必要となる。FCV は EV に比べて，一充
填当たりの走行距離が長く（EV：200km 程度，FCV：650km 以上），最長でも満充填
まで 3 分ですむ（EV：夜間 200V で 7 時間要，急速充電でも 80%充電で 30 分程度）。EV
に比べて利便性がよいため，究極の次世代自動車とよばれている。FCV の普及拡
大は水素の供給インフラをいかに形成できるかにかかっている。

■ 3-3　定置型燃料電池発電システム

定置型の燃料電池システムとしては，FCV よりも早く，2009 年に「エネファー
ム」の商標で 1kW の家庭用のコジェネレーション（熱電併給）システムが商用化
されている。原料は都市ガスおよび LPG で小型の水素製造装置が内蔵されており，
製造された水素と大気中の酸素から水が生成される過程で発電する。水素製造時の
高温廃熱も熱エネルギーとして家庭用の給湯，暖房などに使用できるコジェネシス
テムになっている。2018 年 7 月の段階ですでに 25 万台の売り上げ実績がある。さ
らに大型の燃料電池システムとしては，250kw の三菱日立パワーシステム社製のも
のが商用化されている。都市ガスなどを原料として発電する。さらに大型なものに
関して，現在商用計画中である。これら定置型システムは，水素供給インフラが現
在整っていないため，都市ガスなどの化石燃料から水素を製造しており，水素製造
時には CO_2 が発生しているが，燃料電池の高発電効率によって既存のシステムと
比較して CO_2 発生量を抑えた発電が可能であるとされている。

■ 3-4　その他の燃料電池アプリケーション

そのほかのアプリケーションとしては，移動体として，FC バス，FC トラック，
FC 電車といった大型のもの，FC バイク，FC フォークリフト，FC ターレット（小
型作業車）といった小型なものの開発が進められてきている。最近では，空港で使
用されるトーイング車（飛行機の牽引車）やタラップ車などの開発もあり，空港での
CO_2 削減を図る試みがみられる。

移動体用，定置用とも水素供給インフラの整備とアプリケーション開発とのタイ
アップが必要であり，当面，民間事業者が獲得できる利益が少ないため，国や自治
体からの補助制度の整備が急がれている。

4 バイオマスからの水素製造

■4-1 バイオマスを原料とする水素製造の有効性と課題

水素製造方法のうち，持続可能なエネルギー源でもある，再生可能エネルギーから水素が製造できれば，LCA でみて CO_2 排出の少ない水素利活用モデルが形成できる。太陽光，風力，地熱など，多くの再生可能エネルギーは電気から水電解で水素を製造する行程を経由するが，バイオマスを原料とする場合，バイオマス発電から同様の行程を経ることも可能だが，バイオマスの化学原料としての性質を用い，発酵や熱化学的変換によって直接水素を製造することもできる。このような変換過程では CO_2 の排出を伴うが，バイオマスはその源をたどれば植物性のエネルギー源であり，変換時に発生する CO_2 はもともと植物が大気中の CO_2 を光合成で取り込んだ炭素源から発生しているものであるため，大気中の CO_2 濃度を変化させないとして，カーボンニュートラルと定義できる。

バイオマスの利活用は，水素製造源のみならずその種別によって薄く幅広く点在しているものを用いなければならない点，一般的にはその収集，運搬に課題を抱えている。エネルギー利用するためには，多くのバイオマスを，また収集・運搬によるコストを極力低減する必要がある。この点がバイオマスの利活用において普及が進まない一因となっている。

■4-2 バイオマス‐水素モデル

前述のごとく，水素インフラ形成において課題が多く，またバイオマス利活用における課題も現存する。これらそれぞれの課題は単独で達成することは困難であるが，同時に達成できれば双方を補完しあって実現可能なモデルとなる可能性を秘めている。すなわち，収集，運搬の課題の少ない，かつ CO_2 発生のない持続可能な水素供給インフラが形成できる可能性である。

エネルギーとしては広く，薄く賦存するバイマスではあるが，自動車へのエネルギー供給の目的で日本中津々浦々現存するガソリンスタンドを，将来バイオマスを原料とした水素ステーションとして運用することを考える。自治体ごとに賦存するバイオマスを将来の水素ステーションに収集する条件で，バイオマス輸送距離（収集運搬半径）と水素製造量を計算し評価する。図5-3 は，関東地方の自治体で A. 畜産廃棄物（乳牛，食肉牛，豚，鶏の排泄物），B. 農業残渣（稲わら，麦わら，もみ殻），C. 下水汚泥から水素製造した場合の関係グラフを示している（注：欄外がそれぞれの

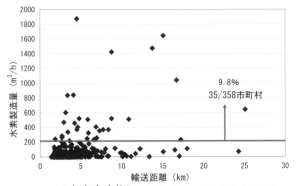

A（畜産廃棄物）湿式メタン発酵＋メタン改質水素製造

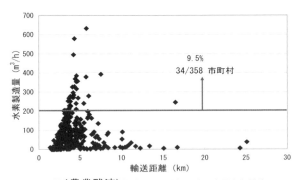

B（農業残渣）乾式メタン発酵＋メタン改質水素製造

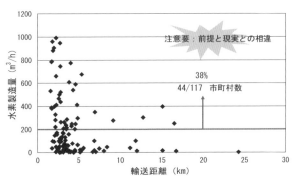

C（下水汚泥），水素製造量**1,000Nm³/h以下**，
湿式メタン発酵＋メタン改質水素製造

図5-3　バイオマス輸送距離と水素製造量（著者作成）

バイオマスに適応される水素製造方法）。

　図中プロットされた点は各自治体である。ガソリンスタンドに代替する商用水素ステーションとしては，200m³/h 以上の水素が必要といわれている。畜産廃棄物では対象の関東地方の全自治体 358 市町村のうち 9.8%にあたる 35 自治体が，農業残渣では同様に 9.5%の自治体が水素ステーションを構築できることが判明した。いずれの場合も平均の収集運搬距離は 10km 以下と近距離であった。下水汚泥にいたっては，38%もの自治体が下水汚泥から水素ステーションを構築できる。ただし対象自治体は 117 市町村と他バイオマスに比較して少ないし，収集運搬距離も短い。これは，下水汚泥は下水処理場の整備されている自治体のみに適用され，かつ下水配管が整備され新たに収集運搬の必要のないバイオマスであるからに他ならない。バイオマスのうち下水汚泥は水素ステーション構築のポテンシャルの高いバイオマスであることがわかる。

■ 4-3　下水汚泥消化ガスからの水素ステーション

　上記の検討をもとに，下水汚泥から発生する消化ガスを用いた水素ステーション

図 5-4　下水汚泥消化ガス - 水素ステーション（福岡市）外観
（「福岡市水素リーダー都市プロジェクト」パンフレットより）

構築事業が，国土交通省のプロジェクトとして始まり，2015 年 3 月末に福岡市の下水処理場である中部水処理センターに完成，運転を開始した。福岡市，九州大学，三菱化工機，豊田通商の 4 者による産学官連携のプロジェクトで，バイオマスから水素を商用規模で製造するステーションとしては世界初の試みとなった。このステーションの完成により 4 者は，2016 年度の内閣府産学官連携功労者表彰の国土大臣賞，2017 年度新エネルギー財団会長賞を受賞した。

　日本全国の未利用の下水汚泥から水素を製造し，FCV に供給するとした場合，約 160 万台 / 年に充填可能であり，約 130 万トン / 年の CO_2 削減効果が見込まれる。

5　バイオマス - 水素モデルの CO_2 削減に対する有効性

■ 5-1　CO_2 の回収方法

　日本において排出されているエネルギー起源 CO_2 のうち，約 50％は電気事業から発生している。これは主に石炭，石油，天然ガス等化石燃料を用いた火力発電からの排出である。簡単のためにもっとも基本的な炭化水素であるメタンを用いてその化学反応を記述すると，(1) 式のようになる。

$$CH_4 + 2O_2 \quad \rightarrow \quad CO_2 + 2H_2O + Q_1 \tag{1}$$

　この時に発生する大きな熱量 Q_1 でガスタービンなどの内燃機関を駆動し発電する。同時に発生する CO_2 を大気に放出しており，これが地球温暖化の原因になっている。電力事業者は発生する CO_2 を大気放散することなく将来回収することを検討しているが，(1) の左辺でメタンと反応する酸素は，実際は大気中の酸素なので，両辺にこの酸素に相当する大気中の窒素（反応には関与しない），$2 (79/21) N_2$ が加わることになる。すなわち，(1) 式の右辺は $CO_2 + 2H_2O + 2 (79/21) N_2$ となり，大量な高温排ガスから CO_2 を回収することとなる。この回収法にはアミン溶液を用いた大規模な CO_2 回収装置が必要であり多大な費用がかかる。

　これに対し水素製造では，同じメタンを原料とすると，(2) 式のようになる。

$$CH_4 + 2H_2O \quad \rightarrow \quad CO_2 + 4H_2 - Q_2 \tag{2}$$

　(1) 式と比較すると，1 モルのメタンから同じ 1 モルの CO_2 が発生している

が，(2) 式の目的は H_2 を製造するためのものであり，H_2 ガスを得ることとは製造ガス中から副生物である CO_2 を分離することにほかならない。これは (1) 式に比べて多量な N_2 からの分離も必要なく，簡易な分離装置（PSA：Pressure Swing Adsorption　圧力差を用いた CO_2 吸収分離法）で分離回収できる。

このことより，炭化水素を原料とした場合，燃焼による内燃機関を用いた既存の発電方法に比べ，水素を経由する燃料電池による発電は，発生する CO_2 の分離回収がしやすいことがわかる。

■ 5-2　CO_2 の分離回収技術（CCS：Carbon dioxide Capture and Storage）

回収した CO_2 は大気放散することなく地中に戻せば，地球温暖化の原因である CO_2 の大気中濃度は維持される。この技術は枯渇した油・ガス田に対して用いることができるが，現在北欧，北米などで行われているのは，生産量が減少傾向にある油田等に CO_2 導入井戸を増設して CO_2 を圧入することで油の生産量を増進させる技術（EOR：Enhanced Oil Recovery）として採用されている。CO_2 の圧入が原油の生産増につながるので経済性が確保され，かつ CO_2 も大気放出されない（増量した原油が使用される時にさらに CO_2 が発生することには考慮しなければならないが）。EOR は経済的に成立しうるが，枯渇井戸への単なる圧入は，環境には配慮されるもののコスト増になり経済性の観点ではインセンティブが働かない。したがって EOR 以外の CCS は，実証事業以外は世界的には成立していないのが現状である。

日本近郊には生産井も枯渇井戸もほとんど存在していない。しかしながら，多くの帯水層（水が堆積している地殻）が日本近海の海底下に存在する。日本における CCS の可能性として，現在経済産業省は北海道苫小牧沖の帯水層 2 層を対象に，CO_2 の圧入実証事業を行っている。2016 年 4 月に開始し，2019 年度までで約 30 万トンの CO_2 を圧入する計画である。ちなみに，この圧入に用いられる CO_2 は苫小牧近郊の製油所にて水素製造時に発生する CO_2 が用いられている。

■ 5-3　バイオマス－水素モデルと CCS

バイオマスの利活用時に発生する CO_2 はカーボンニュートラルとみなされ，大気中の CO_2 濃度を上昇させないことは前述した。バイオマス利活用時に発生する CO_2 に対し CCS 技術を適用すれば，大気中の CO_2 を光合成で植物が取り込み，その CO_2 に相当する量を CCS にて地中に戻すことが可能である。この技術を BECCS（Bioenergy with CCS）とよぶ。バイオマスから水素を経由する利活用を選

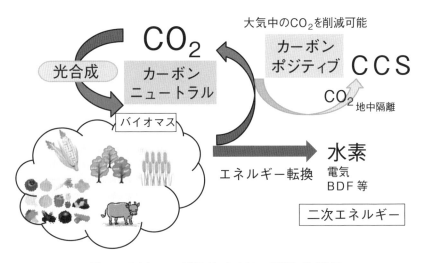

図5-5　バイオマス‐水素モデルとCCSへの期待（著者作成）

定すればCO_2の分離回収は行いやすく（5-1参照），エネルギー効率も高い（3-1参照）。BECCSの概念図を図5-5に示す。

　持続可能なエネルギー社会を構想するに，太陽光や風力，地熱などの再生可能エネルギーを用いた発電事業が現在数多く創設されている。あるいは省エネルギー技術を用いた商品開発もさかんに行なわれている。これらはいずれも重要な試みだが，CO_2を発生させない，あるいはCO_2発生量の少ない技術的な取り組みであり，すでに発生，増加させてしまった現存の大気中CO_2は分解されるまで高濃度のままである。これに対しBECCS技術は，大気中のCO_2濃度を減少させる（カーボンポジティブ，もしくはネガティブエミッション）ことができる点，大きな利点がある。とくに水素エネルギーを経由すればその効用は増加するため，CCSを加味したバイオマス‐水素モデルの普及に大きな期待がもたれている。

6　おわりに

　以上，地球温暖化が進行するなか，将来のエネルギー供給形態として水素エネルギー社会の早期構築が期待されているが，そのなかでも持続可能で環境性にすぐれたエネルギー変換方式としてバイオマス‐水素モデルが提案され，普及を開始している。さらに将来，このモデルにCCS技術を付加していけば，すでに放出されてし

まった大気中の CO_2 濃度を減少させることが可能である。

　地球温暖化への対応はさまざまな取り組みを複合し解決を図ることが肝要であるが，とくに効果が期待できる一つの方向性・提案として本章で紹介したモデルの役割は大きく，SDGs の掲げる目標（7，9，13）にも合致し，持続可能な社会構築に貢献することが期待される。

　読書案内
①横山伸也・芋生憲司（2009）．『バイオマスエネルギー』森北出版
バイオマスの分類，カーボンニュートラルの考え方，収集・運搬の諸問題，多岐にわたる利活用技術，CO_2 削減への評価など幅広い項目についてくわしく，丁寧に解説している。参考文献もよく整理されているので，この分野でのスターターとして最適。

②新エネルギー・産業技術総合開発機構・水素エネルギー協会［編］（2008）．『トコトンやさしい水素の本』日刊工業新聞社
日刊工業新聞社の本シリーズはさまざまな分野をカバーしているが，水素に関するこの本は NEDO，HESS といった団体，協会が編集している点で多くの関係者の共著といえる。
2 ページで一項目を図解入りで解説する形式で，地球温暖化と水素エネルギーの関係から，水素の物理・化学的性質，水素製造，供給，需要，安全性，将来への展開まで幅広い項目を初心者でもわかりやすく解説している。

③堤　敦司・槌屋治紀［編］（2007）．『燃料電池——実用化への挑戦』工業調査会
燃料電池の原理自体は比較的簡単なものであるが，実用化までの諸課題を解決するには長い歴史があった。本書は燃料電池実用化の意義に関して，化学的，工学的に明解に解説している点が秀逸である。モバイル，自動車，定置用電源等アプリケーションごとに実用化に向けた課題を取り上げており，理解しやすい記述とともにこの分野の知識習得を容易にしている。

第1部

第2部

第3部

【引用・参考文献】

茅　陽一・山口光恒・秋元圭吾（2017）．『長期ゼロエミッションに向けて』エネルギー
　　フォーラム

最首公司（2004）．『水素の時代』エネルギーフォーラム

最首公司（2005）．『水素社会宣言――“減炭”政策のために』エネルギーフォーラム

水素・燃料電池ハンドブック編集委員会［編］（2006）．『水素・燃料電池ハンドブック』
　　オーム社

田島正喜（2009）．「バイオマス種に応じた水素ステーション構築予測に関する研究」東
　　京大学大学院農学生命科学研究科博士論文

山地憲治［編］（2008）．『水素エネルギー社会――「水素エネルギー社会に関する調査研
　　究」研究プロジェクト』エネルギー・資源学会

横山伸也・芋生憲司（2009）．『バイオマスエネルギー』森北出版

06 持続可能な社会における 土壌資源管理とその指標化

角野貴信

> キーワード：土壌環境機能，土壌劣化，土壌侵食，土壌炭素，環境保全型農業

1 はじめに

　持続可能な開発目標（SDGs）において土壌はどのような役割を担っているのか，その問いに対して答えるために本章では順に説明していく。

　まず最初に資源と持続可能な開発との関係について考えてみよう。たとえば19世紀半ば以降，われわれの生活のためのエネルギーや原料をもたらしてくれるもっとも重要な資源の一つとなった石油を，私たちヒトは持続的に開発してきただろうか。誤解を恐れずにいえば，石油の開発は，歴史的には持続可能性をふまえた調整がなされてきたわけではなく，争いのなかで開発の均衡が保たれていたにすぎない。つまり，かつては生産国（資源をもつ側）よりも，石油メジャーを擁する工業国（資源を使う側）が意図的に安く価格を調整していたのに対し，石油ショックや石油輸出国機構（OPEC）などにより生産国が価格決定権を取り戻そうとしてきた……というのはまだやさしい言い方で，実際には戦争を含めた実力行使による奪い合いに近いことも行われてきた（イーストコット 2003）。さらに現在では，新興の資源国ロシアや，世界の工場となった中国，シェールガスの利用をはじめとする技術開発により資源生産国となったことで中東への興味を失いつつあるアメリカを巻き込みつつ，さらに地球温暖化対策としての排出抑制をめぐる国際的な取り決めを含めた，第三，第四のステークホルダーが出現している。

　そのため「これだけしか資源がないから，少しずつ使おう」といった持続可能性に関する議論や，「温暖化が起きるから，こう使おう」といった低炭素社会への取り組みに関する合意は大きな力をもちえておらず，「在庫」や「投資家・投機家の

動向」「中東情勢」「世界経済の状況」といった経済・政治要因が大きな意味をもつ（則長 2008）。

　このような資源開発や資源管理の歴史的な状況は，石油以外の鉱産資源についても共通するものが多い。もちろん現代の貿易体制のもとでは，カルテル的な生産調整は難しいものの，生産地の分布が地理的に偏っている一部の資源については，近いものがあるだろう。

　土壌も，これらの資源と同様に地下に存在し，さまざまな鉱物や金属成分を含む。一部の土壌ではあるが，市販されている点も共通している。しかし，現代において土壌をめぐって争いになった，というのはほとんど聞かない。これらの鉱産資源と，土壌とは資源の在り方や価値に根本的な違いがあるといえる。次節以降で，土壌の資源としての特徴を概説し，その適切な管理の方法について考察する。

2 資源としての土壌

■ 2-1　土壌の直接的な価値

　土壌が，ヒトの社会に与える直接的な価値とは何だろうか。石油には，それを燃やすことにより発電タービンや車を動かすエネルギーとしての価値がある。また，薬品などさまざまな有機成分を合成するための，また鉱物には，含有する金属の純度を上げて工業製品や貴重品に加工するための，原料としての価値がある。

　表6-1 は，いくつかの一次産品の1kg 当たりの価格をまとめたものである（IMF 2019）。肥料（リン酸水素二アンモニウム）は，原油とほぼ同等の価格帯で取引されていることがわかる。針葉樹林は，水源を涵養したり生態系の一部として動植物を育んだりするなど，多様な価値をもつと考えられるが，より直接的な価値として木

表6-1　主な一次産品の価格（IMF 2019）

一次産品	価格（ドル /kg）
鉄鉱石	0.07
トウモロコシ	0.16
軟材（針葉樹林）*	0.30
リン酸水素二アンモニウム	0.42
原油**	0.48
アルミニウム	2.11
ニッケル	13.11
金	40,803.82

*700kg/m³ として換算
**WTI 原油価格を 135kg/ バレルとして換算

表6-2　**日本における水や物品の消費者価格例**（100円／ドルで換算）

品目	価格（ドル/kg）
農業用水 *	0.00003
水道水 *	0.002
ボトル水 *	2.0
ガソリン（レギュラー）**	1.8
培養土 †	2.4
鹿沼土 †	3.1
リン酸水素二アンモニウム †	3.4

* 沖（2012）
** 資源エネルギー庁（2019）より，0.783kg/L として換算
† ネットショッピングでの価格例

材生産にしぼった場合，単位重量当たりでは肥料よりやや安い市場価値をもつといえる。同様に，土壌の多様な価値の中からしぼってより直接的な価値を考えた場合，土壌は，最終的に市場に流通する作物や森林の下でそれらの植物を物理的に支え，水や養分を与える生態学的な価値をもつといえるだろう。

　たとえば，ベランダのプランターでミニトマトを育てる場合，市販の「野菜の土」などを買い，その上に種をまいたり，苗を植えたりして育てるだろう。あとは肥料や水道水をやり，ミニトマトを収穫する。市場で売れれば，その売上額から費用を差し引いた分の利潤を得られるが，大量生産でないぶん，よほどのことがない限り農家が大面積の路地（屋外の田畑）で作ったものと比べて価格競争力はないだろう。それは，農家が市販されていない，長年維持してきた田畑の土壌を「土」として利用しており，飲用可能な水道水ではなく降水や農業用水を「水」として利用しているからである。表6-2 は，日本における水や物品の消費者価格の例を示した。ボトルで販売されている水の価格は，水道水の約千倍，農業用水の約十万倍であり，レギュラーガソリンや土壌，肥料と同じ価格帯であることがわかる。土壌の直接的な価値が，作物に水や養分を与える生態学的な価値であるならば，作物の市場価格にその土壌の価値は反映されているだろうか。

　結論からいえば，灌漑した農業用水や，肥料の価格は反映されうるが，土壌そのものの価値は反映されていない。雨や大気（酸素や二酸化炭素），日光と同じ扱いといえる。もちろん，農地を新たに取得したり，農地を借りたりして農業を行うのであれば，その農地の取得価格や賃貸価格は作物の価格に反映されうるが，作物に土壌から供給される水や養分が，多かったり少なかったりしたとしても，作物の価格に反映される仕組みにはなっていない。この点が妥当かどうかの議論は後に回すと

して，ここではまず，土壌とは何か，また，土壌がどのように価値を生み出すのかについてそのメカニズムを概説する。

■ 2-2　土壌の主成分

　土壌は，風化した岩石や火山灰などを主成分に含んでいる。このような土壌をつくる元となっているものを母材という。土壌の主成分には，風化した母材のほか，有機物も挙げられる。この有機物は，土壌のなかに生息する菌類や細菌などの微生物が植物の落葉や落枝を分解し，その結果生成した副産物が長期間蓄積してできたものであり，腐植（humus）ともよばれる（図6-1）。土壌が黒っぽく見えるのは，主にこの腐植による。しかし，一般に腐植は，土壌の乾燥重量の数％〜数十％程度を占めるに過ぎない。

　つまり，土壌の重量の大部分は母材が風化して変質した鉱物であるといえる。これらの鉱物にはその主成分のケイ素やアルミニウムのほか，カルシウムやカリウムといった無機成分が存在しており，風化に伴ってそれらが土壌中の水分（土壌水）に溶解する。岩石が風化すると，徐々に細かくなって砂やシルト，粘土となる。国際

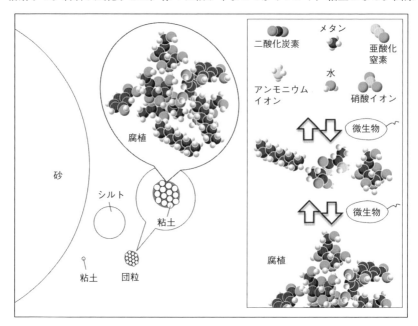

図 6-1　土壌の主な成分（久馬 1984）

的な基準（World reference base for soil resources）にしたがうと，粒子の直径は砂が2-0.063mm，シルトが0.063-0.002mm，粘土が0.002mm以下である（IUSS Working Group WRB 2015）。固体と液体の境界は，実験操作的に0.0002（あるいは0.00045）mmの孔隙径をもつろ過膜を通過するかどうかが基準となることが多いため，これより小さい粘土は原理的には存在しない。

　これらの粒子は単独で土壌中に存在していることはまれで，一般に団粒とよばれる粒子の集合体からなる（図6-1）。これらの集合体は，上記の無機成分や粘土，腐植が糊の役割をして互いに結合しており，その結合が強いほど，安定した団粒であるといえる。一方，砂が大部分を占める土壌では団粒が作られることはほとんどない。

■ 2-3　土壌を浸透する水

　土壌に降った雨はどのように土壌に蓄えられ，植物に供給されるのだろうか。地面に落ちた水は，一部が蒸発し，残りは粒子間の隙間（孔隙）に入り込むため，土壌中を浸透する速度は急激に遅くなる。一般に，毎秒数百cmで地面に落下した雨滴も，土壌中では毎秒約0.1cmから0.0000001cmと極端に浸透速度が遅くなる（久馬 1984）。土壌中を浸透する速度は，石や砂の割合が多く孔隙の大きい土壌より，粘土の割合が多く孔隙の小さい土壌の方が遅くなる。また，粘土の割合は同じでも，粘土がまとまり，より大きな粒子の集合体である団粒を作っている土壌の方が，孔隙が大きいため水の浸透速度は速く，逆に団粒のない緻密な土壌では浸透速度は遅くなる。

　土壌中の浸透速度が毎秒0.0003cmとすると，毎時約10mmの降雨を土壌に浸透させることができることになる。気象庁では毎時80mm以上の降雨を「猛烈な雨」と形容しているため，この雨を浸透させるためには，毎秒0.002cm以上の浸透速度をもつ土壌でないとならないといえる。近年増加しつつある極端な強度の集中豪雨を除けば，たいていの森林土壌はこれらの降水を浸透させることが可能であるが，森林の管理によっては土壌の浸透速度が悪化することもありうる。

　水は土壌中でその移動速度が急速に遅くなるため，植物にとって根が水を吸収するのに十分な時間，根の周辺に水が滞留することになる。逆に，水の浸透速度が非常に速い，水はけのよすぎる土壌では，土壌水はすぐ乾いてしまい，植物は十分な量の水を吸収することはできない。

　一方，たいていの植物は根の周辺に十分な量の酸素供給を必要とするため，ほとんど水を浸透させないような水はけの悪い土壌でも，多くの植物は生育することができない。つまり，土壌は水を一時的に貯留する機能をもち，適度な大きさの孔

隙をどれくらいもつかが，植物への水の供給能力を決定する。さらにこの孔隙量は，主に土壌の厚さ，砂や粘土などの割合，腐植や団粒の有無などによって変化する。つまり深くまで母材が風化しており，腐植が多く，団粒の発達している土壌が，水供給能力の高い土壌であるといえる。腐植は，その高い吸水性から，土壌の保水性を高める。一方，粘土含量は多すぎると透水性が悪化するが，粘土や腐植が多く団粒が発達していれば，透水性が改善されるため多くの植物が生息できる環境となる。

■ 2-4　土壌中の養分

　土壌が水を保持し，かつ放出する能力をもつのと同様に，土壌は養分も保持し，かつ放出する能力をもつ。肥料を別にすれば，植物は必要な元素（必須元素：水素，炭素，酸素，窒素，塩素，カリウム，硫黄，カルシウム，リン，マグネシウム，マンガン，ホウ素，亜鉛，鉄，銅，ニッケル，モリブデンなど）を大気か，あるいは土壌から水を介して得るしかない（伊藤 2005）。炭素や酸素は（一部の植物は窒素も）主に大気から得られ，そのほかの元素は主に土壌から得られる。

　養分の保持と放出を行う主体は，土壌中の粘土や腐植である。これらは一般に負（−）に帯電していることが多く，土壌水中に溶けたカルシウムやカリウムなど正（＋）に帯電している養分（イオン）を静電気的に引き寄せている。土壌水中のこれらのイオン濃度が高ければ土壌はこれらのイオンを吸着し，逆に薄ければ放出する。さらに，粘土や腐植それ自体も，分解することによって養分を放出する。腐植の分解は微生物が担うが，粘土の分解（風化）速度も微生物が多いほど速くなる。生物活動のある土壌では，無生物の場合に比べて約百から千倍速く風化が進行するとされる（アンドリューズほか 2012）。

　十分な量の落葉や落枝があれば，それらが微生物によって分解される過程で必須元素の多くは放出されるため，植物はそれらの元素を根から再吸収して利用すればよく，一般に成熟した森林ではこのような自己完結する循環が成立している。ただし田畑では，収穫物に吸収された分の元素はスーパーマーケットや食卓に移動して土壌には戻されないため，その分は必ず肥料として土壌に補わないと，年々少しずつ土壌からの供給量が不足してしまうことになる。不足分の一部は，母材の風化や腐植の分解で補える場合もあるが，これが続くと，土壌そのものがやせてしまうことになりかねない。

3 土壌資源の管理

■ 3-1　土壌資源の劣化

1）土壌侵食

　第2節で述べたように，母材が徐々に風化したり，落葉が腐植に変化したりする過程で養分を放出しながら，土壌が生成する。土壌が生成するとその上に植物が繁茂し，さらに多くの生物が生存できるようになり，さらに風化が促進される。一方，細かくなった岩石は風や水の働きによって徐々に侵食を受ける。土壌生成の速度が侵食の速度よりも十分速ければ，その地形に土壌が発達することになり，逆の場合は母材や岩石が露出した荒地となる。一般に，地殻変動の少ない大陸内部の平坦地では土壌生成が長期間進行するのに対し，日本のような地殻変動の多い傾斜地では，土壌生成に十分な時間が取れないため，あまり深くまで土壌が発達しないことが多い。

　土壌侵食速度は自然条件によって決定されるだけでなく，人為（ヒト）によっても加速されうる。とくに森林を伐採したり草地を開墾したりして田畑を作ると，一時的に植生のない裸地が生まれることにより，風による侵食（風食）や水による侵食（水食）が発生しやすくなる。国連食糧農業機関（FAO）が「国際土壌年」である2015年にまとめた報告書によると，地域別では，ヨーロッパや北アメリカで新たな侵食は起こりにくくなっているものの，アジアやラテンアメリカ，近東や北アフリカにおいては現在も劣悪な侵食が続いている（農業環境技術研究所 2016）。

　土壌侵食により耕地から土壌が失われると，養分を供給する鉱物や腐植が失われるだけでなく，水や養分を保持する能力も減少するため，単純に水や肥料を増加させるだけでは解決策にならない。実際，地球上の作物の年間生産量は土壌侵食により年々減少しており，年率0.3％の減少が今後も続くと仮定すると，2050年の作物量は現在の9割に留まると推計されている（農業環境技術研究所 2016）。この間，世界人口は年率0.8％程度で増加すると推計されていることを考えると，土壌侵食が食糧安全保障に与える影響の深刻さがわかるだろう。

2）腐植の減少

　土壌に投入される落葉や落枝の量が少なくなれば，微生物が生産する腐植の原料が減少することになるため，次第に土壌中の腐植量も減少することになる。もっとも顕著な例が，森林や草地を開墾して耕地にした場合である。74報の文献で得られた報告を再解析した結果によると，草地または森林から耕地に土地利用を変更し

た場合，土壌中の腐植含量はそれぞれ，59%，42%減少すると推定された（Guo & Gifford 2002）。また，世界のさまざまな地域から得られた119報の論文の再解析では，調査地の98%で腐植の減少が確認された（農業環境技術研究所 2016）。

　腐植の変化は，土壌のもつさまざまな機能に影響を与える。土壌の粒子と粒子をつなぐ糊としての機能が失われると，水が土壌に浸透しにくくなる。このようなときに強度の強い雨が降れば，浸透できなかった水が土壌表面に停滞することになり，水食の原因となりうる。一方，乾燥地域において腐植が失われれば，粒子のまとまりが悪くなり，風食が起こりやすくなる。

　現在，深さ1mまでの土壌には世界全体で約1兆5,500億トンの炭素が腐植として存在しているとされ，大気中に二酸化炭素として存在している炭素量約8600億トン（2017年現在：21.2億トン /ppmとして換算，WMO（2018））や，植物を含む生物中に存在する炭素量約6200億トンと比べても非常に大きい（Lal et al. 2015）。つまり腐植は，管理によっては二酸化炭素の巨大な発生源となりうることを意味しており，実際に1850年から現在までの期間に，腐植中の炭素量は約6600億トン失われたと推定されている（農業環境技術研究所 2016）。

3）塩類集積

　多くの土壌水が地表面から蒸発する乾燥地では，孔隙に含まれる土壌水は，乾燥した地表面付近の土壌へ毛管上昇により徐々に移動する。このとき，土壌水中に溶けていた養分は地表近くまで移動するものの，地表面では水のみが蒸発するため，徐々に塩類が地表付近に蓄積するようになる。こうして塩類濃度の高い土壌水，あるいは塩類濃度が薄くても多くの土壌水が蒸発することにより，高濃度の塩類集積土壌が生成する。もちろん，塩湖の周辺や窪地などの地形によっては自然に発生するものであるが，無理な灌漑によって人為的に引き起こされる場合もある。ひとたび高濃度の塩類集積が起こってしまうと，一般的な植物の生えない不毛の大地となって砂漠化がより進むため，自然には元に戻らない。

4）土壌汚染

　重金属や残留性有機物，放射能など有害物質による土壌汚染も土壌資源の劣化に含まれる。工業化の進展により，耕地や森林の土壌が汚染することによって有害物質が作物や木材に移行し，それらの価値が棄損されるだけでなく，そこに住む動植物や菌類を含めた生態系全体が影響を受ける可能性が大きく，ヒトの健康や生態系

に影響を与えない汚染の除去方法が課題となっている。

■ 3-2 土壌資源の管理が水資源や大気資源に与える影響

1）水質汚濁

　土壌を適切に管理しないことにより，河川や湖沼など水域における水質汚濁を引き起こす場合がある。とくに，肥料や畜産廃棄物などが多量に土壌に投入されることが原因で起きる富栄養化は，農地周辺の水系に大きな影響を与える。

　たとえば窒素は，肥料や畜産廃棄物中に硝酸イオンやアンモニウムイオンとして含まれているが，とくに硝酸イオンは負（−）の電荷をもつ陰イオンであり，同じく負の電荷をもつことの多い土壌中の粘土には吸着しにくい。そのため，土壌水に溶解して浸透すると，素早く地下水に合流してしまう可能性がある。とくに砂質な土壌は水はけがよく，土壌の浸透速度が速いため，植物が養分として硝酸イオンを吸収する時間が少なく，周辺の井戸水などに影響を与えてしまう例がみられる。一方，酸素が少ない条件や酸性な土壌では，硝酸イオンではなく正（＋）の電荷をもつアンモニウムイオンとして存在しやすいため，土壌に吸着しやすく，土壌から水系に窒素成分が移動する可能性は，硝酸イオンの場合よりは低くなる。

2）温室効果ガスの放出

　土壌中で腐植が分解することにより二酸化炭素が放出されることはすでに述べたが，酸素の少ない条件では，メタンや亜酸化窒素などの温室効果ガスも放出されることがある（図6-1）。二酸化炭素は大気中濃度が約400ppmあり，温室効果の強さ（放射強制力）も温室効果ガス全体の約6割と大部分を占める。一方，メタンは2ppm弱，亜酸化窒素は0.3ppm程度の大気中濃度しかないが，温室効果ガス全体の放射強制力の約2割弱，亜酸化窒素は約1割弱を占め，温室効果の原因として決して無視できない（Stocker et al. 2013）。

　これらは湿地のほか，田畑でも発生していることが知られており，土壌の管理が大気環境に影響を及ぼしうることに注意が必要である。

4　どのような管理が有効か

■ 4-1 土壌資源の劣化を防ぐ管理

　土壌資源を適切に管理しないことにより，土壌資源そのものが劣化したり，場合に

第1部

第2部

第3部

よっては周辺の水資源や大気資源を劣化させたりすることがわかる。では、土壌資源の劣化に対し、これまでどのような対策が考えられ、実行されてきたのだろうか。

3-1の1）で述べたように、土壌侵食は比較的短期間に生産性を減少させるため、先進工業国ではいち早く対策がとられてきた。とくにアメリカでは、トラクターと鋼鉄製の鋤の普及が豊かな草原（プレーリー）を耕地に変え、1930年代の激しい土壌侵食を引き起こした。そこで1935年に土壌保全局（現在の天然資源保全局）が創設され、侵食対策が本格化した。

現在では、土壌保全につながる農法（環境保全型農業：conservation agriculture）を採用した農家は補助金が得られ、保全対策で使えなくなった農地には地代が支払われている（西澤 2001）。このような対策により、1982年から2007年の間に、1ha当たりの水食速度は年間10.8トンから7.4トンへ減少し、風食速度も8.9トンから6.2トンに減少した（農業環境技術研究所 2016）。環境保全型農業は、以下の三つの原則（①土壌を機械的に耕さない（不耕起栽培）か、最小限にとどめる、②田畑を被覆し、土壌を露出させない、③マメ科植物や牧草などを組み込んだ輪作により作物種を多様化する）を重視して行われる農業をいい、日本における場合のように、④生物の働きを阻害あるいは破壊しないような量の肥料（化学肥料や有機質肥料）を適切に投入する、という第4の原則を含む場合もある。南北アメリカを中心に世界中で採用されており（Friedrich et al. 2012）、2013年現在では全耕地面積の約1割を占める。

腐植の減少が長期的な作物生産量の減少、土壌侵食や温室効果ガスの増加につながるとすれば、土壌中の腐植含量を増加させるような対策が、きわめて重要であることがわかる。もちろん、田畑を放棄して森林や草地に戻すことは腐植の増加につながる（Guo & Gifford 2002）が、田畑のまま腐植を増加させる方法も多く存在する。とくに、堆肥などの有機質肥料を土壌に毎年施用することは、長期的に土壌中の腐植量を増加させる効果が高く、有機農業だけでなく、上記の環境保全型農業によっても土壌中の腐植含量が増加することが知られている（Corsi et al. 2012）。

これらの知見を踏まえ、パリ協定が締結されたCOP21（2015年）において、温暖化対策として腐植を増加させて炭素隔離を行う計画（4パーミルイニシアチブ）がフランス政府から提案された。これは、地表から深さ40cmまでの土壌中に腐植として含まれる8,600億トンの炭素を出発点に、年率0.4％（4パーミル）ずつ腐植を増加させる計画である（Soussana et al. 2019）。

この計画には世界中の農家や林業家の理解や協力が必要であるため、その実行は容易ではないものの、既存の技術が土壌に適用されることにより、理論上は深さ40cm

までの土壌中に炭素換算で年間 34 億トンずつ人為的な温室効果ガスを減らすことができる。

■ 4-2　土壌劣化対策費用を誰が支払うべきか

　土壌の価値を，植物に水や養分を与える価値に限定したとしても，土壌劣化によりその供給力が失われた場合に，現在の市場経済による価格決定メカニズムのなかでそれが補償されることはない。つまり，土壌劣化を修復するときの費用は，原則的には農家が支払うことになるが，その費用を価格に上乗せするのは容易ではなく，劣化していたとしても水や肥料を増やすなどして対応するため，損益分岐点まで土壌劣化が進行し，最終的にその土地は放棄されることになる。そのため，現在行われているのが 4-1 で述べたような補助金であるが，日本では環境保全型農業の実施面積は約 8 万 ha（2018 年），有機農業で約 2 万 ha であり，両者を合わせても全耕地面積の 2% 程度に過ぎないため，補助金に代わるインセンティブが必要になる。

5　土壌資源と SDGs

　これまで述べてきたように「土壌資源の劣化を防ぐこと」は，持続可能な食料生産や林業にとって不可欠であり，SDGs においてもいくつかの目標・ターゲットで明確に示されている。「土壌」という語の入っているターゲットは四つあり（表 6-3），

表 6-3　土壌と関連の深い SDGs ターゲット（外務省 2015）

「土壌」の語の入ったターゲット	
2.4	2030 年までに，生産性を向上させ，生産量を増やし，生態系を維持し，気候変動や極端な気象現象，干ばつ，洪水及びその他の災害に対する適応能力を向上させ，漸進的に土地と土壌の質を改善させるような，持続可能な食糧生産システムを確保し，強靭（レジリエント）な農業を実践する。
3.9	2030 年までに，有害化学物質，ならびに大気，水質及び土壌の汚染による死亡及び疾病の件数を大幅に減少させる。
12.4	2020 年までに，合意された国際的な枠組みに従い，製品ライフサイクルを通じ，環境上適正な化学物質やすべての廃棄物の管理を実現し，人の健康や環境への悪影響を最小化するため，化学物質や廃棄物の大気，水，土壌への放出を大幅に削減する。
15.3	2030 年までに，砂漠化に対処し，砂漠化，干ばつ及び洪水の影響を受けた土地などの劣化した土地と土壌を回復し，土地劣化に荷担しない世界の達成に尽力する。
土壌と比較的関係の深いターゲット	
6.6	2020 年までに，山地，森林，湿地，河川，帯水層，湖沼などの水に関連する生態系の保護・回復を行う。
13.2	気候変動対策を国別の政策，戦略及び計画に盛り込む。
14.1	2025 年までに，海洋堆積物や富栄養化を含む，特に陸上活動による汚染など，あらゆる種類の海洋汚染を防止し，大幅に削減する。

それぞれ、「2 飢餓を終わらせ、食料安全保障及び栄養改善を実現し、持続可能な農業を促進する」「3 あらゆる年齢のすべての人々の健康的な生活を確保し、福祉を促進する」「12 持続可能な生産消費形態を確保する」「15 陸域生態系の保護、回復、持続可能な利用の推進、持続可能な森林の経営、砂漠化への対処、ならびに土地の劣化の阻止・回復及び生物多様性の損失を阻止する」の各目標に含まれている。

一方、明示されてはいないものの、土壌と比較的関係が深いと考えられるターゲットも表 6-3 中に示した。それぞれ、「6 すべての人々の水と衛生の利用可能性と持続可能な管理を確保する」「13 気候変動及びその影響を軽減するための緊急対策を講じる」「14 持続可能な開発のために海洋・海洋資源を保全し、持続可能な形で利用する」の各目標に含まれている。表 6-3 のターゲットを達成するためには、単純に土壌に投入する肥料や水を増加させるのではなく、土壌侵食を減らす、腐植を蓄積する、汚染を浄化するなど、土壌資源の劣化を食い止める対策が必要であるといえる。

では、「土壌資源の劣化を防ぐこと」に対するインセンティブを社会的にどのように設ければよいだろうか。温暖化対策の場合、「化石燃料の使用量を減らすこと」に対するインセンティブは多く存在する。

たとえば、排出量取引は、温室効果ガス排出量を規定量より多く減らすことのできた国や企業は、規定量を超えてしまった国や企業に排出量を売ることができる。また炭素税は、日本においては、「温暖化対策のための税」として二酸化炭素 1 トン当たり 289 円となるように課税されており、フランスの 30.5 ユーロ（2017 年）と比べると低いものの、使用を減らすインセンティブとなりうる。

一方、近年急速に拡大している取組みが ESG 投資である。これは、環境（Environment）・社会（Social）・ガバナンス（Governance）に配慮した企業への投資を意味し、責任投資ともよばれる。K. アナン国連事務総長が提唱した国連責任投資原則（2006 年）への参加機関は 2019 年時点で 2,300 機関を超え、それらの機関の運用額も 86 兆ドルを超えている（経済産業省 2019）。つまり、現在では ESG に配慮しない企業活動は投資対象として採用されなくなりつつあり、企業にとって環境などに配慮する強いインセンティブとなっている。

企業レベルではなく、個人レベルでもインセンティブを生み出せる可能性も存在する。岐阜県高山市では、近年「さるぼぼコイン」という電子地域通貨を利用した地域振興策が注目されている。地域通貨や補助通貨は社会の持続可能性を高める効果をもつといえるものの、環境への影響は明確ではないとされているが（Michel &

Hudon 2015)，地域全体の活性化と環境の保全がうまく融合するかどうかが注目される。

　温暖化対策で採られている対策を，土壌の劣化対策に応用するとすれば，1) ESG投資の対象に有機農業や環境保全型農業を追加し，土壌保全効果が確認された農法で生産された農産物・林産物が，適切に市場に出回るよう誘導する，2)「土壌保全対策税」を課税して，土壌保全に効果のない農法で作られた農産物が価格的な優位性をもたないようにする，3) 腐植をその土壌に応じた規定量以上に蓄積できれば，その蓄積量に応じた「腐植分解権」を取引できるようにする，といったことが考えられる。地域通貨については，効果は明らかではないだろうが，土壌に腐植を増やすほど仮想的な地域通貨「グムス」が貯まる，としてはどうだろうか。グムスが流通すればするほど土壌中の腐植量は増加したといえる。つまり，腐植本位制の通貨である。ただし，よりインセンティブが働くようなルールを考える必要がある。グムスは一般的な通貨とは兌換できないものの，地域内で生産された農産物との取引や，炭素の排出量取引に使える，などである。

6　おわりに

　土壌はヒトの生存にとって非常に重要な役割を担っているものの，日ごろ目にすることがなく，その変化の速度も遅いため，その劣化に気づきにくい。土壌は石油や貴金属とは違い，作物を取りつくしたら放棄して別の場所を探せば（あるいは奪えば）よい，という資源ではなく，適切に管理すればその価値は減少せず，逆に価値を上げることもできる再生可能な資源である。ただ，その再生には非常に長い時間がかかり，また一度劣化が進行してしまうと，それを元に戻せない場合もある。

　英語の「human」はラテン語の「humanus」が起源であり，この語はラテン語の「humus（大地）」から派生したといわれる。私たちが母なる大地から生まれた存在であり，それが化学的にもほぼ文字通りの意味であることを思い返すならば，土壌資源を持続的に利用することなしに，私たちが持続的に生存できないことは，もとより自明なのかもしれない。

読書案内
①三枝正彦・木村眞人［編］（2005）．『土壌サイエンス入門』文永堂出版
大学で学ぶ土壌学の標準的な教科書であり，土壌がどのように生成したのか，
物理学，化学，生物学，地球科学的な観点からコンパクトにまとめられている。

②アンドリューズ，J. E.・ブリンブルコム，P.・ジッケルズ，T. D.・リス，P.
　S.・リード，B. J.／渡辺　正［訳］（2012）．『地球環境化学入門　改訂版』
　丸善出版
環境化学の入門書である。改訂版は土壌の地球化学的な記載が大幅に増えて
おり，環境化学における土壌の重要性がうかがわれる。

③モントゴメリー，D.／片岡夏実［訳］（2010）．『土の文明史——ローマ帝国，
　マヤ文明を滅ぼし，米国，中国を衰退させる土の話』築地書館
土壌の管理がいかに人間社会の成立や安定にとって重要かを明らかにした３
部作の１作目であり，自然科学と人文・社会科学のバランスのとれた良書であ
る。

【引用・参考文献】
アンドリューズ，J. E.・ブリンブルコム，P.・ジッケルズ，T. D.・リス，P. S.・リード，B.
　J.／渡辺　正［訳］（2012）．『地球環境化学入門　改訂版』丸善出版
イーストコット，J.（2003）．「OPEC 石油政策の実態と政策効果の評価」『OPEC の生産
　価格政策と石油市場に与える影響に関する調査報告書』pp.1–17.
伊藤豊彰（2005）．「畑土壌の作物への養水分供給」三枝正彦・木村眞人［編］『土壌サイ
　エンス入門』文永堂出版，pp.51–62.
沖　大幹（2012）．『水危機ほんとうの話』新潮社
外務省（2015）．「我々の世界を変革する——持続可能な開発のための 2030 アジェンダ
　仮訳」〈https://www.mofa.go.jp/mofaj/files/000101402.pdf（最終確認日：2020 年 2
　月 9 日）〉
久馬一剛［編］（1984）．『新土壌学』朝倉書店
経済産業省（2019）．「SDGs 経営ガイド」〈https://www.meti.go.jp/press/2019/05/20190
　531003/20190531003-1.pdf（最終確認日：2020 年 2 月 9 日）〉
資源エネルギー庁（2019）．「石油製品価格調査の結果」（令和元年 9 月 26 日（木）14 時
　公表）〈https://www.enecho.meti.go.jp/statistics/petroleum_and_lpgas/pl007/
　results.html（最終確認日：2020 年 2 月 9 日）〉

西澤栄一郎（2001）．「アメリカの保全休耕プログラム（特集　農業環境政策と環境支払い）」『農林水産政策研究所レビュー』*1*, 28-37.

農業環境技術研究所（2016）．「世界土壌資源報告――要約報告書」『農業環境技術研究書報告』*35*, 119-153.

則長　満（2008）．「原油価格変動要因分析――WTI原油上場以降を中心に」『追手門経済論集』*43*, 14-41.

Corsi, S., Friedrich, T., Kassam, A., Pisante, M., & Sà, J. C. M.（2012）. *Soil organic carbon accumulation and greenhouse gas emission reductions from conservation agriculture: A literature review.* Food and Agriculture Organization of the United Nations（FAO）.

Friedrich, T., Derpsch, R., & Kassam, A.（2012）. Overview of the Global Spread of Conservation Agriculture. *Field Actions Science Reports, Special issue 6.*

Guo, L. B., & Gifford, R. M.（2002）. Soil carbon stocks and land use change: A meta analysis. *Global Change Biology, 8*(4), 345-360.

IMF（2019）. Primary Commodity Price System.〈http://data.imf.org/commodityprices（最終確認日：2020年1月18日）〉

IUSS Working Group WRB（2015）. World Reference Base for Soil Resources 2014, update 2015, FAO, 192.

Lal, R., Negassa, W., & Lorenz, K.（2015）. Carbon sequestration in soil. *Current Opinion in Environmental Sustainability, 15,* 79-86.

Michel, A., & Hudon, M.（2015）. Community currencies and sustainable development: A systematic review. *Ecological Economics, 116,* 160-171.

Soussana, J-F., Lutfalla, S., Ehrhardt, F., Rosenstock, T., Lamanna, C., Havlík, P., Richards, M., Wollenberg, E., Chotte, J-L., Torquebiau, E., Ciais, P., Smith, P., & Lal, R.（2019）. Matching policy and science: Rationale for the '4 per 1000-soils for food security and climate' initiative. *Soil and Tillage Research, 188,* 3-15.

Stocker, T. F., Qin, D., Plattner, G-K., Tignor, M., Allen, S. K., Boschung, J., Nauels, A., Xia, Y., Bex, V., & Midgley, P. M.（2013）. *Climate change 2013: The physical science basis.* Cambridge University Press.

WMO（2018）. Greenhouse Gas Bulletin, No.14.〈https://library.wmo.int/doc_num. php?explnum_id=5455（最終確認日：2020年2月9日）〉

第1部

第2部

第3部

07 地球の気持ちに寄り添う
ジオパークという挑戦

柚洞一央

キーワード：ジオパーク，地球の記憶，変動帯，ボトムアップ，ツーリズム

1 はじめに

> This Agenda is a plan of action for people, planet and prosperity.
> このアジェンダは，人間，地球及び繁栄のための行動計画である。

　持続可能な開発のための 2030 アジェンダの前文はこの一文から始まる。このアジェンダは，貧困と飢餓の問題解決を前面に出しながらも，端々に地球に対する尊厳がちりばめられている。

> We are resolved to free the human race from the tyranny of poverty and want and to heal and secure our planet.
> 我々は，人類を貧困の恐怖及び欠乏の専制から解き放ち，地球を癒やし安全にすることを決意している。

　地球を癒す（heal），確保する（secure）という表現は，抽象的ではあるが，現代社会のヒトによるわがままな地球利用に対して，強く警告を鳴らしている。地球の気持ちに寄り添った社会を本気で構築する必要があると強調されている。

　ここで，ちょっと考えてほしい。私たちは，人類共通の故郷である地球について，どこまでその生い立ちや仕組みについて認識できているのだろうか。46 億年という壮大な地球の営みについて，どれだけ認識できているのだろうか。近年，日本で

は東日本大震災や熊本地震，西日本豪雨など自然災害が多発している。「こんな大きな地震が来るとは思っていなかった」「こんな大雨が降ったことはない」といった被災者のインタビューがマスコミ報道で流れることがあるが，地球の歴史のなかでは，どう位置づけられるのだろうか。人間が直接認識できる時間スケールではなく，地球時間で私たちが暮らす今を考え直す必要があるのではないだろうか。

ジオパークは，地形や地質といった，地球の記憶（memory of the earth）の保全と活用のプログラムである。2019 年 10 月現在，日本では，日本ジオパークネットワークに加盟している地域は 44 か所，そのうち 9 地域がユネスコ世界ジオパークネットワークにも加盟している。世界では，ユネスコ世界ジオパークに加盟している地域が 147 地域，41 か国におよぶ。

特定の地域が，地域の自然資源を保全し，それを地域振興に生かそうというプログラムは，生物圏保存地域（ユネスコエコパーク），エコミュージアムなど，これまでにもあった。しかし，地形や地質に特化した世界的なプログラムは，これまで目立ったものがなかった。地形や地質は，経済発展に伴う開発のなかで，社会全体でその意味を顧みることもなく，無造作に破壊されてきたといっても過言ではない。そんな中，ジオパークの活動が，1990 年代半ば，ヨーロッパと中国を中心に始まった。保全と活用といえば，簡単にきこえてしまうかもしれない。しかし，ジオパークには，いくつかの特徴的なキーワードがある。ネットワーク活動，ボトムアップによる運営，4 年ごとの再審査制度である。

ネットワーク活動は，ジオパークの根幹をなすものである。地形・地質をはじめとして，自然環境の保全と活用の方法に，絶対的な正解はない。コミュニケーションを重視した柔軟な管理運営（順応的ガバナンス）が重要となる（宮内 2013；宮内 2017）。ジオパークでは，ネットワークを利用して相互の実践を紹介し切磋琢磨しながら，保全と活用を試行錯誤している。毎年開催される，国際シンポジウムへの参加が推奨されており，研究者や運営を担う行政関係者のみならず，ジオパークのガイド活動を積極的に展開している地域住民も多数参加する。国際シンポジウムでの重要な活動は，コミュニケーションである。国籍や言語の違いを越えて，人と人がつながる。意見を交わす。そこを重要視している。ジオパークで興味深いのは，既存の権力構造とほどよい距離を取っている点である。近年，日本においても国会議員や国にジオパーク活動を支援する動きがあるが，あくまでも，ジオパークは，加盟地域内でのコミュニケーションを主体として動いている。ジオパークはどうあるべきか。その答えすらも，加盟地域で考える。そのような，地域コミュニ

ティを主体とした人の活動を重要視するのがジオパークである。日本の場合，新規ジオパーク認定（正確な意味としては加盟認定）が発表されると，自分たちの地域の地形や地質の「すごさ」が認められたと，万歳三唱で喜んでいる地域が見受けられるが，筆者は若干の違和感を抱いている。あるジオパーク関係者は「ジオパークはゴールのないマラソンだ」と表現するように，認定はそのスタート地点に立ったにすぎない。永続的活動の覚悟が必要である。

　ジオパークは，世界遺産のようにモノの価値評価だけではない。マスコミ報道において，ジオパーク登録といった表現が散見されていたが，正確には，ジオパークネットワークへの加盟への認定である（目代 2014）。ジオパークは，地形・地質の価値を評価するだけのプログラムではなく，科学的に価値あるものを保全し活用する人の活動に重点をおいている。しかも，ジオパークの運営母体（日本の場合はほぼすべて地方自治体）や研究者だけでの活動をよしとしない。地域住民によるボトムアップによる活動[1]を目指している。人の活動を重視するため，ジオパークネットワーク認定後も 4 年に一度，再審査が行われる。新規申請地域への審査は，ジオパークの保全対象となる地球の記憶の科学的価値や，永続的な運営ができる運営体制の整備状況，活動方針の妥当性を検証する。4 年ごとの再審査では，保全状況に問題がある場合は別であるが，基本的に地形や地質を見ることを重視しない。主に4 年間の活動実績と今後の活動方針を検証する。再審査において，活動実績が著しく少ないケースや，活動方針に関して大きな問題がある場合は，問題点を指摘した上で，2 年間の条件付き認定（イエローカード）となる。2 年間の猶予を与え，改善を促すのである。2 年間の猶予後も改善されない場合は，認定取り消し（レッドカード）となる。

　このようにジオパークは，常に試行錯誤が要求され，常に挑戦し続けなければならないプログラムなのである。ジオパークにおける審査は，相互評価の考えを採用している。最初の再審査で次の 4 年間の認定が認められた（グリーンカード）地域は，審査員を出す必要がある。学会選出などの研究者も審査に加わるが，ネットワークのメンバーによる相互評価の視点を大事にしている。そもそも，ジオパークにおける審査は，validation（検証）を訳したものである。審査というと試験を受けるよう

1）ジオパークのガイドラインでは，ボトムアップのニュアンスとして，先住民族などマイノリティの尊重が強く含まれている。JGN の場合，北海道のジオパークにおいて，地域におけるアイヌ民族の扱いがジオパーク活動を通してよい方向に変化した事例がある。

な意識になりがちであるが，目指したいのは，現場での議論である。受け身ではなく，ジオパークのガイドラインを意識した上で，主体的に自分たちの意見を主張することが求められる。

　2019年10月現在，日本ジオパークネットワーク（Japanese Geoparks Network，以下 JGN）に加盟している地域は43地域あるが，そのうち13地域は過去にイエローカードを経験している。過去には1地域がレッドカードで認定を取り消されている[2)]。2015年，世界ジオパークネットワーク（Global Geoparks Network，以下 GGN）の活動がユネスコの正式プログラムとなった。GGN が新規認定や再審査を担いながら，ユネスコで最終判断が行われるスタイルになった。ユネスコという大きな存在がバックアップすることによって，ジオパークの価値が高まったとともに，広く社会に認知されるプログラムになっている。

2 地球の気持ちに寄り添った社会を目指す

　地球の気持ちに寄り添った社会を目指そう。そのために，地球がどのように生きてきたのか，その痕跡を今に伝える地形や地質から学ぼう。

　ジオパークの講演で，筆者がしばしば語り掛けることである。図7-1は，2018年にユネスコジャカルタ事務局が，ジオパーク関係者の発言を基に整理したユネスコ世界ジオパーク（UNESCO Global Geopark，以下 UGG）の概念図である。

　世界ジオパークの基本的概念は，発足当時から大きな変化はない。しかし，ユネスコ正式プログラム化や，社会的認知が向上してきたことを背景に，関連するキーワードが多様化している。

　中心となるのは，図7-1に示される A の①地球遺産への賞賛（Celebrating Earth Heritage）であり，②地域コミュニティの持続性（Sustaining Local Communities）である。地球の気持ちに寄り添った社会という筆者の発言は，この二つの要素で構成される中心部分を意識したものである。日本や世界各地のジオパークで現地審査を担当している筆者の感想では，日本ではこのジオパーク的な持続性（Sustaining）の概

---

2) イエローカードを経験し現在グリーンカードとなっている JGN 加盟地域は，アポイ岳，山陰海岸，島原半島，阿蘇，恐竜渓谷ふくい勝山，白滝，伊豆大島，下仁田，佐渡，八峰白神，三陸，立山黒部，天草の13地域。レッドカードとして加盟認定取り消しされた地域は，茨城県北（2019年10月現在）。

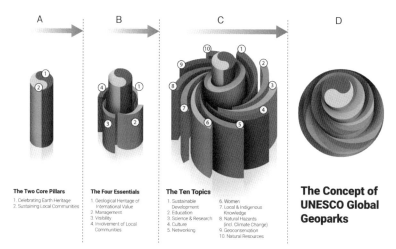

図7-1 ユネスコ世界ジオパークの概念
出所：E-learning jfit-asia（一部改変）

念がなかなか浸透していない。ジオパーク運営の中心的役割を果たすはずの事務局
スタッフですら、人口減少を食い止める、ただお金が儲かり続けるといったレベル
での理解が多い。地球遺産への賞賛を意識した地域コミュニティの持続性を考える
ならば、人口問題や経済的成長を最優先しないこともジオパーク的には必要である。
　この中心軸に四つの必須事項が付随する。すなわち、図7-1に示されるBの①国
際的な価値をもった地質学的遺産（Geological Heritage of International Value）[3]、②
管理運営（Management）、③可視性（Visibility）、④地域コミュニティの巻き込み
（Involvement of Local Communities）である。四つの必須事項のなかで、可視性に関
しては、説明が必要であろう。ジオパークは、地域全体をパークとして考える。し

3）JGNは、UGGの理念と審査方法に準じて運営されているが、国際的な価値をもった地
　質学的遺産に関しては、GGNほど重要視していない。これは、地球科学的な価値を、一
　点に絞って固定化するのが困難であるためである。地球科学といっても多岐に渡り、学
　問の分野ごとに視点が異なるためである。JGNの審査を担ってきた日本ジオパーク委
　員会（JGC）初代委員長の元京都大学総長尾池和夫氏は、日本のすべての場所がジオパ
　ークになる素地があると発言している（尾池2012）。その影響で、科学的な価値につい
　ては、JGNにおいては、そこまで重要視していない。そもそも、地形・地質の価値は、科
　学の進展とともに変化するものである。何に価値があり、何を残すべきかは、簡単に整
　理して一本化できない。

かし，地域住民からは，どこにそんな公園を新しくつくったのかといった疑念をもつ人も少なくない。目に見えるようにする工夫をしなければ，広く社会全体からそこがジオパークであると認識できない。「＊＊海岸は，ユネスコ世界ジオパークです。美しいでしょ。来てください」では，ジオパークとしては失格である。その海岸がなぜ美しいのか。なぜ岩礁が続くのか，その地球史的な理由を伝えないといけない。ジオパークは，何気ない風景に潜む地球の物語を伝えるプログラムである。そのため，ジオパーク的に風景のなりたちを概説する野外看板や，ガイドが重要だ。風景の見方が，ジオパークで変わる。地球の壮大な営みに想いを馳せるようになる。お客さんや地域住民をそんな気持ちにさせることができなければ，ジオパークをやっている意味はない。ジオパークを名乗るということは，地球の気持ちが楽しめる場所であることの保証でもある。

　二つの中心軸とそれを取り囲む四つの必須事項。そこに絡まっていくのが，10のトピックスである。すなわち，図7-1に示されるCの①持続可能な開発（Sustainable Development），②教育（Education），③科学と研究（Science & Research），④文化（Culture），⑤ネットワーク活動（Networking），⑥女性の社会的地位向上（Women），⑦地域で独自に育まれた知識（Local & Indigenous Knowledge），⑧気候変動を含んだ自然災害（Natural Hazards（ind. Climate Change）），⑨「大地」の保全管理（Geoconservation），⑩自然資源（Natural Resources）である。これらのトピックスが中心軸に絡まって回り続けているのが，ジオパークである。重要な視点は，点の集まりではないということだ。さまざまな要素が流動的に絡み合った一つの領域（Territory）なのである（図7-1D）。

　それでは，実際に，ジオパークではどのような取り組みが行われているのだろうか。地域住民の活動を中心に日本各地の事例を紹介しよう。また，保全と活用の事例として，ヨーロッパのGGNの事例を紹介する。

3 変動帯としての日本／変動帯での日本人の生き方を学ぶ・伝える

　図7-2は，プレートテクトニクスからみた日本列島である。日本列島は4枚のプレートの衝突部にあり，世界に類のない複雑な地殻の上に作り上げられている。4枚のプレート運動は島弧に強い歪みを与え，世界有数の地震多発帯，火山活動多発帯となっている。そんな脆弱な大地という土地条件に，世界有数の多雨地帯であるという気候が追い打ちをかける。山は削られ，削られた土砂は川によって下流に流

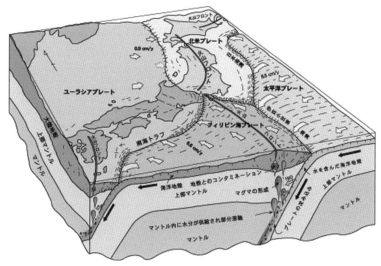

図 7-2　プレートテクトニクスから見た日本
出所：https://www.zenchiren.or.jp/tikei/zeijaku.htm

され平野をつくる。日本の大地は，常に変化し続けている。日本のジオパークで体験できるのは，そんな変動帯としての大地で起きた地球の記憶なのである。

■ **3-1　ジオパークを契機に立ち上がったガイド団体：室戸ジオパーク（高知県）**

人口 1 万 3,095 人（2019 年 8 月末現在）の高知県室戸市。室戸市全域が GGN に加盟認定されたのは 2011 年 9 月のことであった。当時，室戸ジオパーク推進協議会の地理専門員に従事していた筆者は，その認定発表の時を明確に記憶している。ノルウェーでのジオパーク国際シンポジウムでの発表であったため，日本時間の深夜にもかかわらず，市役所大会議室に入りきれないほどの市民がその瞬間を待っていた。認定の決定が伝えられると，割れんばかりの拍手喝采が起こり，くす玉が割られ，これからの活動の意気込みが寄せ書きされた。室戸の GGN 認定までの道のりは，紆余曲折があった。2008 年に室戸ジオパーク推進協議会が設置されてから，2度の国内候補地落選を経てたどり着いた認定であった。GGN 認定のための現地審査では，たくさんの市民が，現地審査に参加した。特筆すべきことは，現地審査員を乗せたバスを見送ろうと，たくさんの市民が国道で手を振ったことである。市内各地の国道で市民が手を振った。高知市への道中，安芸市でも手を振る市民の姿が

あった。高知県東部全体の GGN 認定に対する期待感を感じた。

　現地審査で，大きな評価を受けたのが，ガイドである。室戸には，それまでガイドが存在しなかった。GGN 認定を目指すにあたって，ジオパークガイド養成講座を実施し，地形や地質をわかりやすく伝えられる市民を育成した。このガイド養成講座は，高校地学の参考書を利用した本格的なものであった。参加した市民は，老若男女の多世代にわたった。受講生同士のコミュニケーションも活発に行われ，結果的に，室戸市観光ガイドの会が発足した。そこでは地球が生きていることを実感してもらうべく，自主的な活動を展開している。注目すべきは，ガイド料金を段階的に値上げしてきたことである。日本の場合，市民ガイドでは，謙虚さもあってか，高いお金をもらうことを躊躇するケースが多い。しかし，室戸市観光ガイドの会では，少しずつ経験を積みながら，また，再審査での審査員からの助言（ガイドで生計が立てられるくらいの価格に上げるべきだというアドバイス）を踏まえて，自分たちの活動を継続するための自活に必要な収入を得るようになっている。研修にかかる費用を自分たちの稼ぎから捻出するなど，行政補助に頼らない自立した活動として注目に値する。また，中心的な役割を担っているのが，室戸の中高年の女性たちであることも，特筆したい。それまで「主婦」であった中高年の女性たちが，室戸の風景から読み取れる地球の営みを来訪者に伝えている。室戸は，激しく大地が隆起している地である。プレートの沈み込みによって，大地が新たに押し出されている最前線であることを，さまざまな風景で感じることができる。「ジオパークのせいで（？）老後の予定が大幅に変わってしまった」とは，ある中高年の女性ガイドの弁である。

　大地の成り立ちを来訪者に楽しませながら伝える。そこに経済的効果が生まれ，ガイドの生きがいにもなる。海岸のシマシマの岩が，ただの岩でなくなる。客が呼べる岩になる。お金が落ちる岩となれば，大事に守っていこうという声も大きくなる。ジオパークにおいて，経済活動を重視するのにはこの考えがあるためだ。ただ守りましょうと法的整備をするだけでなく，経済活動として活用する。お金が落ちるから，守りたくなる。そんな世論をつくろうとしている。保全と活用は互いに補完する関係なのである。

　室戸岬のジオパークガイドは好評を得ている。マスツーリズムを中心に依頼が絶えることはない状況が続いている。2015 年には，ジオパークガイドの年間受け入れ客数が 9,975 人まで増加した。ガイド受け入れ客数 0 人から始まった活動が，約 1 万人という成果を生んだ。2018 年には，イタリアで開催された GGN 国際シンポジウムにおいて，中高年の女性たちが英語で 10 年間のガイド活動を紹介した。そ

の日のために慣れない英語を練習し，緊張しながら発表する姿に対して，会場からは盛大な拍手が送られた。なお，室戸市観光ガイドの会は，これらの活動が評価され，環境省などが主催するエコツーリズム大賞2016で特別賞を受賞している。また，教育の観点では，地元の高知県立室戸高校に「ジオパーク学」という授業が設定されている。大地の成り立ちや地域文化を学び，ツーリズムに活かそうという取り組みが行われている（柚洞ほか2016）。学校教育にジオパークを取り入れることで，ジオパークガイドの後継者育成につながることが期待されている。

■ 3-2　鍋から始まるジオパークガイド：Mine 秋吉台ジオパーク（山口県）

山口県美祢市は，全国的に知名度のある秋吉台のある市である。2008年に美祢市，秋芳町，美東町が合併して新・美祢市となった。秋吉台（石灰岩）がある秋芳町，無煙炭として旧日本海軍が積極的に開発した旧大嶺炭田のある美祢市，奈良の大仏に供給された銅を産出していた美東町と，白（石灰岩），黒（石炭），赤（銅）という自然資源を有する。秋吉台の石灰岩は，暖かい海に生息していたサンゴなどが積み重なって固まったものである。約3億年前に，暖かい南の海でサンゴ礁として生まれ，長い年月をかけてプレートにのって大陸へ移動してきた。大嶺炭田の石炭は，約2億年前の植物が基である。日本に分布する石炭のなかではかなり古い時代のものである。長期熟成されており煙が出にくい特徴をもつ。そのため敵にみつかりにくいという理由で旧日本海軍が積極的に開発した。JR美祢線はその石炭輸送のために建設されたものである。美東町にある旧長登銅山の銅は，約1億年前のマグマ活動により熱水と石灰岩が反応して形成された。3億年の白，2億年の黒，1億年の赤。壮大な地球の物語を体験できるジオパークである。

Mine秋吉台ジオパークは，2015年にJGNに認定された。しかし，その認定も順調に進んだものではない。2013年に一度JGN申請をしたが見送られる経験をもつ[4]。そんな中，少しずつではあるが，地域住民の活動も活発化している。図7-3は，あるジオパークガイドのガイドの様子である。石灰岩地帯に位置する石窯パン工房を経営するパン職人のジオパークガイドは，本人が日常使用している鍋からガイド

---

4) Mine秋吉台ジオパークは，2019年にJGN再審査とともに，GGN国内候補地としても申請をした。JGN再審査はグリーンカードとして継続認定されたが，GGN国内候補地としては見送られている。GGN国内候補地が見送られた主な理由は，国際的な価値についての理解が関係者間で十分ではないこと，ユネスコ世界ジオパークとして活動していく，覚悟と実行性がまだ弱い点が指摘されている。

図7-3　日ごろ使っている鍋を使ったパン職人によるジオパークガイド
出所：筆者撮影

　が始まる。石灰岩地帯の水道水は，溶けた石灰分が多く含まれる。そのため，鍋の内側に石灰分が白く結晶として付着する。

　この石灰分の多い水道水は，地域住民の暮らしに大きな影響を与えている。シャワーの目が詰まる，ボイラーが故障しやすいなど，地域住民は石灰岩の大地とともに生きている。秋吉台の石灰岩は，赤道近くで噴火した火山島に成長したサンゴ礁に由来する。プレートに乗って日本まで運ばれてきたのである。ハワイが日本に近づいているという話は有名であるが，秋吉台の石灰岩も，そのように運ばれてきたのである。秋吉台の石灰岩のすごさは，約1億年分の石灰岩の成長が継続的に観察できることである。大海原のど真ん中を移動してきたため，大陸からの土砂の混入が少なく，純度の高い真っ白な石灰岩である。パン職人であるジオパークガイドは，ジオパーク学習を通して，自分が生きている大地に対して深い畏敬の念を抱くようになったという。地球の営みに感謝しながら，パンを焼くようになったと感慨深く語っている。

　Mine秋吉台ジオパークを運営する美祢市では，JGN認定を契機に，秋吉台展望台にジオパーク拠点施設であるKarstar（カルスター）を整備した。この施設の特徴は，美祢市役所世界ジオパーク推進課の事務所が入っている点である。事務所は，

オープンカウンターとなっており，来訪者や市民と気軽に情報交換ができるように
なっている。ジオパークでは，試行錯誤し続ける活動が重要である。その基盤を確
保する意図で，担当部局を市役所から外に出した。また，Karstar のお洒落なガラ
ス張りのカフェスペースからは，3 億年かけて作られた石灰岩台地，秋吉台が見渡
せる。立地のよさもあって，来客数は順調に伸びており，年間 12 万人が来訪する人
気スポットに成長している。ジオパークのガイド養成講座を受講した地域住民が常
駐しており，大地の成り立ちをわかりやすく来訪者に伝えている。

■3-3　有名観光地の新たな楽しみ方：山陰海岸ジオパーク（鳥取県・兵庫県・京都府）

　山陰海岸ジオパークは，山陰海岸国立公園のエリアを母体に生まれたジオパーク
である。そのため，鳥取県，兵庫県，京都府と 3 府県にまたがっている。2008 年
に JGN 認定，2010 年に GGN に認定されている。しかし，2017 年の JGN としての
再審査において，JGC は「あらゆるレベルでの連携を欠いており，持続的な運営形
態になっているとは言い難い」と指摘し，条件つき認定（イエローカード）を出した。
ジオパーク関係団体間で対話を繰り返すよう求めたのである。山陰海岸は JGN の
なかでは比較的広域なジオパークである。関係市町村は 3 市 3 町，そして 3 府県と，
関連する自治体が多い。山陰海岸ジオパーク推進協議会の事務局が兵庫県豊岡市に

図7-4　ジオパークという言葉を前面に出さないジオパーク看板
出所：2018 年 6 月筆者撮影

設置され，総合的な運営に取り組んでいるが，担当職員は関連自治体からの出向に頼っており，数年で異動してしまう。そのため，ジオパーク運営のノウハウがなかなか蓄積されず，持続的な運営に苦慮している。

　これまで紹介してきた各ジオパークは，単独市であったために，調整作業を必要としない運営が可能であった。しかし，山陰海岸ジオパークは，市町だけでなく府県が絡むことで，その運営が複雑になっている。少しずつ改善に向けた試行錯誤が行われいているが，今後は，行政直轄運営ではなく，社団法人や NPO など行政の外に出しての運営など，抜本的な運営体制の改善も検討すべきであろう。

　山陰海岸ジオパークのみどころの一つである鳥取砂丘では，近年新たな看板が設置された（図 7-4）。

　鳥取砂丘ジオパークセンター（2018 年，山陰海岸国立公園鳥取砂丘ビジターセンターとしてリニューアルオープン）では，風紋の成り立ちを風洞実験装置での実験からわかりやすく理解することができる。また，なぜ砂丘がここにあるのか，千代川流域の地質や季節風の特徴も理解でき，砂丘という地球が生んだ風景の隠れた物語を学びながら楽しむことができる。この看板は，ジオパークをジオパークという言葉を前面に出さずに説明しようとしているという点において，可視化のよい事例である。

図 7-5　萩ジオパークが立ち上げたジオパークの活動ブランド
出所：萩ジオパーク推進協議会 web

■3-4　具体的にジオパークを楽しませる工夫：萩ジオパーク（山口県）

　2018年にJGN認定を受けた山口県萩ジオパークは，萩市と阿武町の全域，そして山口市の一部で構成されている。萩ジオパークも，2016年に最初のJGN申請し見送られた経験をもつ。見送りを経験したことで，事務局スタッフが増員され，行政として本格的に運営する覚悟と基盤づくりが強化された。萩ジオパークは，今後のJGN全体を具体的におもしろくさせる意気込みをもっている。新規申請に際しての公開プレゼンでは，萩ジオパーク推進協議会会長である萩市長が，以下の発言をしている。変動帯で生きていくための日本の夜明けを萩から目指すとして，ジオパークで住民の意識や価値観を変える／ジオパークで地域を変える／ジオパークネットワークで国民の意識や価値観を変える／ジオパークネットワークで日本社会を変えると主張した。

　萩ジオパークは，JGN認定後に新たなジオパーク活動の複数ブランドを立ち上げた（図7-5）。

　地域住民やツーリズムの消費者に対して，そこがジオパークであることを強く認識させるために，デザイン性の優れたロゴを作成し，具体的にジオパークがパーク

※萩ジオパークはジオツーリズムによって大地と人が共生する日本社会の実現を目指しています。

図7-5　萩ジオパークが立ち上げたジオパークの活動ブランド（つづき）
出所：萩ジオパーク推進協議会 web

であることを可視化させている。この取り組みは，JGN 地域のなかでは初めてのことであり，今後 JGN 全体で普及することが望まれるが，まずは先行事例として，萩ジオパークにおいて実績が積まれることを期待している。萩ジオパーク事務局では，これらのプログラムを展開するために，地域住民の担い手育成に時間を費やしてきた。たとえば，ジオツアーの企画ができる地域住民を育成するジオプランナー養成講座を実施し，地域住民をジオプランナーとして世に送り出した。まさにボトムアップのジオパーク運営を具現化しようと挑戦している。

　萩ジオパークのジオツアー企画のなかで，「○○さんに会いに行こう」は，地形・地質と人の文化を，具体的な人の暮らしに焦点を当ててツアー化している点において，たいへん興味深い。地形・地質と言った地球の記憶を語るだけでなく，大地と人のつながりの物語を可視化し，商品化している。これまでに，「＃1 萩焼作家さんに会いに行こう」「＃2 果樹農家さんに会いに行こう」「＃3 漁師のおかみさんたちに会いに行こう」の三つのジオツアーが企画されており，約3時間のツアーで参加料は 3000 円，募集定員は 20 名となっている（図7-6）。そのツアーの様子は，YouTube で公表されているので視聴して欲しい[5]。

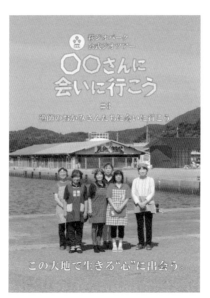

図7-6　地域住民の生き方から大地の特性を楽しませるツアー
出所：萩ジオパーク推進協議会提供

　萩ジオパークの専門員は，SDGs とは，本来の地球活動のサイクルから逸脱した人間活動をサイクルの一部に戻す試みだという。まずは地球のシステムがどういうサイクルのもとに成り立っていて，人間がそこからどう逸脱しているのかを理解した上で初めて具体的な活動に移れるのではないかと語っている。JGN のなかには，SDGs カードゲームをすることで満足してしまう地域もある。しかし，SDGs は，実際に社会を変えなければ意味がない。萩ジオパークの実践は，地域住民の意識を変え，日本全体の社会のあり方を再考させる契機として今後大きな期待がもてる。

■ 3-5　保全と活用：アゾレスジオパーク（ポルトガル），サガジオパーク構想（アイスランド）

　地形・地質の保全・活用については，とくに保全に関して，日本のジオパークでは新たな活動がみえてきていない。日本の場合，ある程度，法的な制度によって社会が動いており，突然，誰も想像しないような地形の改変が行われることは，発展途上国などと比べると起こりにくいからであろう[6]。

　ここでは，筆者がヨーロッパでの現地審査や国際シンポジウムで視察した，保全と活用の事例を紹介する。アゾレスジオパーク（ポルトガル）も，サガジオパーク構想（アイスランド）も，大西洋の真ん中を南北に走る，プレートが生まれる場所である海嶺に関連した場所である。

　アゾレスジオパークは，大西洋の真ん中に位置する九つの島々で構成されている。海嶺付近の，マグマのホットスポット由来の火山群島である。このポルトガル領アゾレス諸島では，火山と人びとの共生の物語を実体験することができる。成層火山であり，ポルトガル最高峰のピコ山（2,351m）は，登山客に人気がある。このピコ山に，ジオパーク活動の文脈から，新たな登山客利用システムが導入された。登山客は，登山道入り口のインフォメーションセンターで，GPS をレンタルしなければならない制度である（図7-7）。これには，二つの目的があるという。一つは登山客の

5）https://www.youtube.com/watch?v=VpP0GSTAF14（最終確認日：2020 年 2 月 10 日）

6）阿蘇ジオパークでは，2017 年ジオパークとして保全対象としていたジオサイト（柱状節理）が熊本地震復興工事に際して破壊された。柱状理理は，そこで火山活動があったことを伝えてくれるものである。工事を担当する国土交通省と熊本県など地元とのコミュニケーションが充分に行われていなかったことが原因と見られている〈https://www.sankei.com/west/news/170914/wst1709140068-n1.html（最終確認日：2020 年 1 月 19 日）〉

図7-7　ピコ山登山で携帯が義務付けられている GIS と登山状況モニター
出所：2017 年 9 月筆者撮影

安全確保である。GIS は緊急通話機能をもっており，救難要求に使用できるという。2014 年の御嶽山噴火では 58 名の登山客の命が奪われたが，日本でも噴火被害軽減の観点からこのような制度が導入されてもよいのではないだろうか。もう一つの目的は，登山道以外への立ち入り制限である。登山客の動きは，インフォメーションセンターのモニターに映し出される。この制度導入当時は，「監視されている」ことに対して批判的な意見もあったというが，総合的に考えると，こういった登山客の安全と保全という点において，一定の意義はあるのではないだろうか。

　アイスランドのサガジオパーク構想は，アイスランド西部に位置する。氷河と火山地形のエリアである。2016 年に GGN 申請をしたが，見送られた。サガジオパーク構想エリアにある，溶岩が流れた後にできた溶岩洞窟は，民間企業によって観光利用されている。この溶岩洞窟では，訪問者が安全に洞窟内を歩けるように木道が整備されている（図7-8）。注目すべき点は，木道の基礎が地盤に打たれていないことである。木道が洞窟内に置かれているだけである。これは，不必要になった場合，

図7-8　アイスランドの溶岩洞窟に設置された木道
出所：2016 年 8 月筆者撮影

そのまま取り外せば，自然の状態に戻せることを意識しているという。地球の長い
時間スケールのなかで，観光利用したいのは現代社会における我々人間の都合であ
る。地球の気持ちに寄り添い，自然状況を改変せずに利用する。その意識の高さ
を感じた。洞窟内は，訪問者が洞内にいる時にだけ，必要最低限の照明が点灯する。
訪問者には，ヘッドライトが貸し出され，洞窟内の環境改変を最小限にする工夫が
されている。

　日本の洞窟観光では，安全対策や演出が過剰になされているケースが多く見受け
られる。GGN 認定を目指す Mine 秋吉台ジオパークにある，国の特別天然記念物の
秋芳洞（山口県）には，巨大鍾乳石，黄金柱がある。黄金柱は，照明による影響で
本来生息するはずのないコケ類が繁茂し，「緑」柱になってしまっている。本来の洞
窟環境の保全を意識した，抜本的な改善が必要である。日本のジオパークでは，保
全に関して具体的な取り組みが全体的に弱い。GGN のネットワークを活用し，世
界各地の取り組みを参考にし，新たな取り組みに挑戦する必要がある。

4　おわりに

　室戸世界ジオパークセンターのエントランスに，このセンター整備に関わってい
た筆者は，伝えたいメッセージを展示した。

> 四つのプレートがぶつかり合ってできた日本列島。
> プレートが動くことで地震や火山活動が活発に起きる。
> そして複雑な地形・地質を形づくっている。
> 四季の移ろい，雪や雨，台風などの気候変化も著しい。
> わたしたち人間も動植物も
> そういった安定しない自然のなかで命をつないできた。
> ここ室戸では，プレートが動くことによって
> 繰り返し起きている隆起の跡を地上で見ることができる。
> 力強くしなやかな自然との共生の姿を見ることができる。
> 室戸に重ねられた地球の記憶。人の記憶。
> 楽しんでください。そして少しだけ考えてください。
> 「変動帯」に生きている，明日のあなたを。

　このメッセージには「変動帯とは何か。変動帯で生きるとはどういうことなのか。それを理解し，考えてほしい」という願いを込めた。これは室戸だけのことではない。四つのプレートがぶつかり合う日本列島全体にいえることである。日本の大地には，複雑な活動をしてきた地球の記憶が各地に残されている。そして，大地とともに生きてきた人の記憶がある。

　群馬県嬬恋村にある鎌原観音堂——嬬恋村と長野原町は，浅間山北麓ジオパークとして JGN 認定されているが，この鎌原観音堂には，浅間山という火山と生きてきた人々の記憶が強く残っている。天明3（1783）年8月に起きた大規模な火山噴火により，当時の鎌原村は土石流に飲み込まれ 477 名が生き埋めになり死亡し，観音堂に逃げた 93 名が生き残った。生き残った村民の中から新たに夫婦を再構成し，村の復興を成し遂げた。夫を失った女は，妻を失った男と夫婦にと 10 組の夫婦を再構成したという。現在の鎌原地区は，土石流に埋まった大地上に再建されている。鎌原地区の人たちは，毎日，交代で鎌原観音堂横にあるお籠もり堂で，参拝客におもてなしをしている。約 230 年前に観音様が助けてくださった命があってこそ，今の自分たちの命がある。それに感謝しながら毎日観音様のお守りをしているという。ぜひ，鎌原観音堂を訪れてほしい。お籠もり堂からは，囲炉裏の煙が立ち上り，参拝客をあたたかく迎えてくれる。手作りの漬物やお茶などのおもてなしをしてくれる。筆者が話を聞いたとき，印象的だったのは，近年は御賽銭を入れる人が少なくなり，おもてなしが十分にできにくくなっているとのこと。神様に対する感謝の気持ちとして，心遣いは大事である。気持ちを包むという文化も後世に残したい。

　変動帯としての日本で生きるための工夫として，興味深い事例を一つ挙げよう。2016 年に発生した熊本地震の直後に，地元の人から聞いた話がたいへん興味深かった。屋根瓦を固定していた住宅が，倒壊しやすかったというのである。地震の最初の大きな揺れで瓦が落ちてしまった住宅では，屋根が軽くなり倒壊せずに済んだという。インターネットをみていると，瓦業界を中心として，「瓦は地震に弱い」という消費者の言動に対して，住宅本体の強度不足に問題があるとの指摘が見受けられる。しかし，この地元の人の語りは，初期の瞬間的な揺れで，瓦が落ちるようになっていれば，住宅の強度が足りなくても倒壊しにくいということを示唆している。あえて，瓦を落ちやすくすることで住宅を倒壊しにくくするという発想は，変動帯としての日本で生きるためには，注目すべき視点であると筆者は考える。頑丈にするという発想も有効であるが，コストがかかる。逆の発想で，落ちやすくすることが，命を助ける可能性があるというのは，変動帯としての日本で生きる知恵のよう

に思う。

　SDGs は，持続可能な開発（Sustainable Development）の理念実現のために，具体的な行動目標を設定したものである。持続可能な開発は，「将来の世代の欲求を満たしつつ，現在の世代の欲求も満足させるような開発」と説明されているが，これは，ジオパークの理念に照らして別な言葉に置き換えるならば，「将来の世代が困らない地球を残そう」というメッセージとなるだろう。今の時代の欲求だけで，地球が長い年月かけてつくりだした資源を食いつぶしてよいのだろうか。火山活動の規模を示す火山地形。その証拠を破壊してしまうことは，将来の人類が地球的な過去の出来事を知る物的証拠を失うことになる。自然資源の活用法を再考するとともに，地球のどのような活動からその自然資源がもたらされたのか，地球の時間軸の視点からの理解が欠かせない。地球という生き物の特性を理解し，その気持ちに寄り添った人間社会のあり方を考えるのが，ジオパークである。数百年後，数千年後に，この地球という惑星で生きるであろう末裔に対して，彼らが生きることに困らないよう，今を捉える視点が重要である。

　みなさんも，ジオパークに出かけてみてはいかがだろうか。地域住民は，その土地の成り立ちを学び，訪問者が楽しみながら地球の営みを体感できるよう，試行錯誤しながら受け入れ態勢をつくろうとしている。何気ない崖や石，そして景色がどのようにしてできたのか。壮大な地球の時間を想像しながら今を感じてほしい。

　そして，ぜひこれからの未来のことを考えてほしい。自分の日常の暮らしで何ができるか，考えてほしい。そこからも持続可能な開発の理念が目指す地球社会の実現が始まるのではないだろうか。

読書案内
①目代邦康・廣瀬　亘［編］（2015）．『北海道・東北のジオパーク（シリーズ大地の公園）』古今書院
②目代邦康・鈴木雄介・松原典孝［編］（2016）．『関東のジオパーク（シリーズ大地の公園）』古今書院
③目代邦康・柚洞一央・新名阿津子［編］（2015）．『中部・近畿・中国・四国のジオパーク（シリーズ大地の公園）』古今書院
④目代邦康・大野希一・福島大輔［編］（2016）．『九州・沖縄のジオパーク（シリーズ大地の公園）』古今書院

◆ジオパーク運営に直接関わる地理学や地質学，火山学の研究者が中心となって，日本の各ジオパークにおける大地の成り立ちと人びとの暮らしのつながり物語をまとめたシリーズ本。この本を片手にジオパークを訪れてほしい。

【引用・参考文献】

尾池和夫（2012）．『四季の地球科学──日本列島の時空を歩く』岩波書店

宮内泰介（2013）．『なぜ環境保全はうまくいかないのか──現場から考える「順応的ガバナンス」の可能性』新泉社

宮内泰介（2017）．『どうすれば環境保全はうまくいくのか──現場から考える「順応的ガバナンス」の進め方』新泉社

目代邦康（2014）．「日本ジオパークの審査制度と地理学視点」『2014 年度日本地理学会春季学術大会発表要旨集』85, 11.

柚洞一央・山下　聖・高橋　冴（2016）．「室戸高校における地理学的視点を取り入れたジオパーク教育」『地学雑誌』125(6), 813–829.

【参考URL】

一般社団法人全国地質調査業協会連合会「日本列島の地質と地質環境」〈https://www.zenchiren.or.jp/tikei/zeijaku.htm（最終確認日：2019 年 10 月 14 日）〉

萩ジオパーク推進協議会（2019. 6. 5 更新）．「萩ジオユニバース」〈https://sites.google.com/view/hggp-universe（最終確認日：2019 年 10 月 14 日）〉

萩ジオパーク推進協議会（2019. 6. 5 更新）．「萩ジオパークで遊ぼう」〈https://sites.google.com/view/hggp-tourism（最終確認日：2019 年 10 月 14 日）〉

産経新聞（2017.9.14 更新）．「熊本地震の復興工事でジオパーク破壊」〈https://www.sankei.com/west/news/170914/wst1709140068-n1.html（最終確認日：2019 年 10 月 14 日）〉

E-learning jfit-asia（JFIT masterclasses online learning）〈https://elearning-platform.elearning-jfit.asia/pluginfile.php/187/mod_resource/content/1/4.1.Recap_day4.pdf（最終確認日：2019 年 10 月 14 日）〉

08 活動における関係性
持続可能な社会に向けてのパートナーシップのあり方

甲田紫乃

> キーワード：関係性，パートナーシップ，持続可能な社会，活動，コミュニケーション

1 はじめに

　本章では，自治体やコミュニティにおけるさまざまな取り組みのなかで，活動のあり方と，活動を行う上で避けては通れないであろう「関係性の構築」のあり方について，フィンランドの廃棄物管理会社による環境活動とオーストリアの地域活性化機関による地域活性化の取り組みを事例に，社会心理学の観点から論じる。自治体は地域住民とともにさまざまな取り組みを行うが，その際に鍵となる点の一つが，持続的な取り組みを続けていくなかで，どのような関係性を地域住民と構築していくのかではなかろうか。

　SDGs では 17 の目標が設定され，さらに全体で合計 169 のターゲットが示されている。そのなかでも目標 17 は，パートナーシップに関わるものである[1]。SDGs は発展途上国のみならず先進国自身にも取り組みを促すものであり，日本において喫緊の課題の一つとして挙げられるのが，少子高齢化や都市部への人口流失に伴う，地方の疲弊であろう。本章では，以上を踏まえ，まちづくりや地域活性化において，地域住民や行政等の取り組みの際に，その活動，及びその根幹となる関係性について，論ずる。

---

1) 目標 17 は「持続可能な開発のための実施手段を強化し，グローバル・パートナーシップを活性化する」となっている。本章は目標 17 におけるターゲット 17.17「さまざまなパートナーシップの経験や資源戦略を基にした，効果的な公的，官民，市民社会のパートナーシップを奨励・推進する」の達成のために重要となる関係性について論ずるものである。

2 SDGs とまちづくり・地域活性化

SDGs ではマルチ・ステークホルダーによるパートナーシップを推奨している[2]が，この観点から日本において想起される例として，まちづくりや地域活性化が挙げられよう。自治体と地域住民が連携してまちづくりや地域活性化を行う例は多い。

持続可能なまちづくり，一過性ではない地域活性化は，さまざまな関係性のもとで行われて初めて，そのまちに適した，ローカリティ[3] を反映したまちづくり・地域活性化が可能となる。少子高齢化が進む日本の地方では，昨今，若者を含めたさまざまな人々が地元を，あるいは自身が好きな地方の田舎を，なんとかして生き生きとしたまちにしていきたいとの思いで活動を行っており，まちおこしのためのイベントやさまざまな取り組みに挑戦している[4]。

このようななかで，関係する人々やグループの思いを反映し，ローカリティを反映させた，「そのまちならでは」のまちづくり・活性化の活動を行っていくためには，各ステークホルダーが一つの「思い描くまちの将来」に向けて，多様な視点から意見を出し合い，議論を重ねていくことが肝要であろう。本章では，ステークホルダーの関わり合い方に焦点をあて，フィンランドとオーストリアでの事例を通して，その活動の特徴と，活動の主体である活動の促進者及び主体とともに活動を行う活動の参加者の関係性について考察する。

3 研究の方法論

本章で紹介する事例の知見は，参与観察やインタビュー調査などを実施し，そのエスノグラフィ[5] の分析及び考察に基づいている。まちづくりにせよ，地域活性化

---

2) 注1を参照のこと。
3) 局所性のこと。何らかの活動は特定の場所・人々・時期によって行われる。まちづくり・地域活性化の活動はその最たるものであろう。
4) 昨今，日本では，総務省の主導で，「関係人口」という概念を用いたまちづくりや地域活性化を試みようという動きがある。筆者も鳥取県鳥取市鹿野町において，この観点から，NPO法人いんしゅう鹿野まちづくり協議会と研究室所属の学生たちをも含めた協同的実践を実施している。この活動において，本章で紹介している活動理論による分析・考察を通じて，古民家リノベーションや地域住民と観光客，学生との交流空間を提供するなど，さまざまな実践を行ってきた。また，これらの活動で得られた知見は後述の水平的関係性の概念をより裏付けるものであることも明記しておきたい。

にせよ，人間の活動は，日常生活を送る「いまここにある」人々が行っている。彼らが何を考え，何をしているのかを知るために，できるだけ彼らのすぐ近くまで，あるいは彼らのなかにまで足を踏み入れる必要性がある（杉万 2006）。参与観察により，彼らと行動をともにすることで，それが可能となり，外部者の視点からは見出せないような知見を明らかにすることが可能となる。したがって，本章で紹介する事例のすべてにおいて，筆者は参与観察を行っており，職員やスタッフとともに行動し，すべてを記録し，エスノグラフィを描いていることを明記しておく。

　各々の事例研究はローカリティの特色を反映したものであり，限定された時期と場所における限定された人々が対象である。すなわち異なる歴史的背景，異なる文化的背景，異なる社会的背景をもつローカルな現場での事例研究である。このようなローカリティを色濃く反映した事例研究がもつ意義は，ローカルな現場での実践を研究者が学術的概念や理論的枠組みを用いて，直接の当事者でない者にも理解可能な記録へと変換（抽象化）することによって，そのローカルな実践が別のローカルな現場における実践へと伝達され，インターローカルな実践[6]へと進展する点にある（杉万 2006）。ローカルな現場で行われている生々しい実践が，研究者による何らかの概念的枠組みによる抽象化により，インターローカルな実践へと進展し，ローカルな知識が伝播される。

　まちづくりも地域活性化もたった1人で行っていくことは不可能である。行政やまちの人々，その活動に賛同する人々などによって，必ず複数で行われる。すなわち集団で行われていく活動なのである。社会心理学の父とよばれるレヴィンによれば，集団は，その集団を構成している構成メンバーの力学的相互依存を重視して定義されるべきであるという（Lewin 1997）。本章では，関係性という観点から，まちづくりや地域活性化に関わる人々へ，活動を改善していくためのインスピレーションをもたらすことを試みる。

4　活動の構造

　本章の理論的背景には活動理論（activity theory）がある。活動理論は，ヴィゴツキーなどのロシアの心理学者グループにその源流があり（Engeström 2001），文化

5）フィールドでの経験を，インタビューや会話の録音，録画，写真撮影などを通して，記録し，整理・記述したテキストのこと。

6）地点と時点を異にする二つのローカルな場が結びついた実践のこと。

的・歴史的文脈を背景として，人間の行為を共同体や社会の文脈のなかで考察する視座を提供する。活動理論の代表的論者であるエンゲストロームは，拡張的学習（Expansive Learning）を唱え，共同体や，社会における活動の自明の前提に再考察を加え，新しい前提を創出することを唱えている（Engeström 1987）。杉万（2013）によれば，活動理論は，意思決定に活用できる夢の活動を描く技法（活動ビジョンを描く技法）でもあるという。「我々の世界を変革する——持続可能な開発のための 2030 アジェンダ（Transforming our world: the 2030 Agenda for Sustainable Development）」[7]では，「我々のビジョン（Our vision）」として，目指すべき世界像を「我々は……世界を思い描く（We envisage a world...）」として列挙している。SDGs は世界が目指すべき理想の姿を提示し，そのための行動指針を示しているといえよう。住み続けられるまちづくり（目標 11）のための活動や，海の豊かさ，陸の豊かさを守る（目標 14, 15）活動，貧困をなくす（目標 1）ための活動など，SDGs で掲げられている 17 の目標に関連する活動のみならず，あらゆる人間の活動は，人と人とのコミュニケーションのなかで行われ，それにより生み出されるなんらかの関係性をもとに，動いていくのである。

　活動理論において，活動の構造は，図 8-1 のように表すことができる。以下，各頂点を説明しよう。「主体」は当該活動における中心的な人物や集団を表す。本章ではさしずめまちづくりや地域活性化の活動を中心的に行っている行政やまちづく

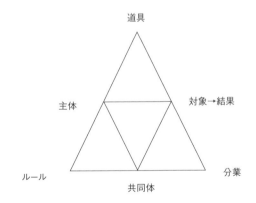

図 8-1　活動の構造（杉万（2006）などを参照のうえ筆者作成）

---

7) United Nations のウェブサイト〈https://www.un.org/ga/search/view_doc. asp?symbol=A/RES/70/1&Lang=E（最終確認日：2020 年 1 月 19 日）〉を参照のこと。

り協議会，個人に該当する。「対象」は「主体」が働きかける人や集団，事柄である。「共同体」は，「主体」と「対象」をその一部として含んでおり，「主体」とともに「対象」を「結果」に変換するもののことである。「ルール」とは，「共同体」の構成メンバーにある程度意識化されているもののことである。後述するフィンランドの廃棄物管理会社による活動の例では，廃棄物管理会社の職員は地域住民の要請があればそれに応じることや，地域住民はその地域のゴミの捨て方に従うことをはじめ，廃棄物管理会社による環境活動に参加することなども相当する。「道具」とは，歴史的・社会的な産物であり，物的道具，人脈，ノウハウなどをも含む（Engeström 1987；Engeström & Miettinen 1999）。「分業」とは「共同体」のなかでの役割分担のことであり，活動は分業体制のもとに行われる。活動に潜在する「矛盾」と，その「矛盾」が顕在化したものである「ダブルバインド」[8]は，活動を次の段階のものへと跳躍させる原動力となる潜在的可能性を有している。

　何らかの目的のもとに行われる活動には，その活動を中心になって行っていく者（主体）とその主体に働きかけられる，活動に参加する者（対象）が存在する。ここでは何らかの活動を動かしていく者を活動の促進者，その活動に参加する者を活動の参加者とよぼう。活動の促進者は活動の参加者に働きかけて，なんらかの成果を生み出すことを目指す。

　活動の促進者にはさまざまな背景をもつ者が考えられるが，本章では，何らかの現状をよくするために行われる活動のなかで地域住民と関わることになった者に焦点を当てる。促進者は活動を動かしていくのみならず，活動を発展させていくことを目標とすることがほとんどであろう。活動の参加者にもさまざまな種類がある。強い動機をもってその活動に参加することを決めた者もいれば，知り合いに誘われたから参加することにした者もいるであろうし，本心では参加したくないのに不承不承参加せざるを得なかった者もいるであろう。

　このような多様な背景をもった活動の参加者と関わり，現状を改善するために活動を行っていくことになる活動の促進者に関して，その活動における関係性のあり方について事例とともに考察する。

8）二重拘束と訳される。1956年にグレゴリー・ベイトソンによって提唱された造語である。「異なる次元の相矛盾する二つのメッセージを受け取った者が行動不能に追い込まれた状態（広辞苑第六版）」のこと。

5 廃棄物管理会社による環境活動における関係性 [9] [10]

本節では前節を踏まえ，フィンランドの事例を用いて，活動における関係性の特徴，そしてその活動の構造を紹介する。フィンランドでは各地方に廃棄物管理会社が存在する。フィンランドの家庭廃棄物管理は，自治体と民間の合弁会社である廃棄物管理会社によって行われている [11] が，この廃棄物管理会社は，実質上は，自治体の直営企業のようなものとなっている。本節では，フィンランドの廃棄物管理会社による地域住民との緊密な相互的でかつ強固な関係をもとにした環境コミュニケーションがもたらす活動の特徴，そしてその関係性の特徴をみていきたい。

■5-1 相互的で強固な関係性

各廃棄物管理会社には地域によって呼称は多少異なるが「コミュニケーション・アドバイザー」なる職員が常駐しており，地域住民と廃棄物管理会社の活動との橋渡し的な存在として，なくてはならないものとなっている。このような職員は，環境関連や教育関連，心理学関連などの何らかの学位を（時には複数）もっている専門家であり，その専門的知識を背景に，ゴミの分別方法など制度的なアドバイスはもとより，地域住民への環境教育を行ったり，住民からの個別の質問などにも答える。

筆者は廃棄物管理会社で参与観察を実施し，そのなかで，職員や住民にインタビューを行った。本節では，トゥルク廃棄物管理会社（Turun Seudan Jätehuolto Oy）を例として紹介する。

■5-2 トゥルク廃棄物管理会社の職員と地域住民との関係性

トゥルク廃棄物管理会社は，フィンランド南西部のトゥルク市に位置し，周辺地域の約 31 万 7 千人の地域住民と事業所を管轄している。筆者はこの廃棄物管理会社を 2010 年に訪問し，トゥルク廃棄物管理会社が所有する「エコ・センター」や職員による環境コミュニケーションについて調査を行った。

---

9) 本研究は京都大学グローバル COE プログラム「地球温暖化時代のエネルギー科学拠点」若手研究者研究活動経費の助成で実施された。
10) 本節は筆者の博士論文『日常生活における環境配慮行動に関する日芬比較研究──協同的環境活動の可能性』（甲田 2012）を大幅に加筆修正したものが基となっている。
11) 2010 年時点。以下，オーストリアの事例においても，筆者が調査を実施した時点での状況である（オーストリアの事例は 2013 年時点）。

　職員と地域住民との関係性の根幹を端的に示したインタビューの抜粋を以下に
紹介する。ここで示される職員による自身の位置づけは，後述するオーストリアの
SPES のスタッフのものとも同質のものである。

> 筆者：先ほど自己紹介の際に，ご自身のことを「廃棄アドバイザー（Waste
> 　　　Advisor）」と述べられましたが。
> 廃棄アドバイザー：ええ，たしかに。これはちょっと考えがあってのことなの
> 　　　です。自分たちは，アドバイザーに過ぎず，住民のゴミ最小化の実践を
> 　　　手伝うための人間に過ぎないという認識をもっています。ですので，自
> 　　　分たちのことを専門家などとはよばず，アドバイザーとよぶのです。よ
> 　　　りよいアドバイスができるように，各地域の廃棄物管理会社が集まって，
> 　　　研究会を行ったり，自分でも情報を収集したりして，環境について日々
> 　　　勉強しています。
> 筆者：これ（家庭廃棄物管理担当の職員を廃棄アドバイザーとよぶこと）はトゥル
> 　　　クの廃棄物管理会社だけで行われているのでしょうか，それとも他の廃
> 　　　棄物管理会社でも同様に行っているのでしょうか。
> 廃棄アドバイザー：使っている単語の違いは多少あるとは思いますが，アドバ
> 　　　イザーという語は共通ではないかと思います。
> 筆者：なるほど。
> 廃棄アドバイザー：アドバイザーの方が，ほら，対等な感じがするでしょう？

　住民とのコミュニケーションを行う職員をトゥルク廃棄物管理会社では「廃棄ア
ドバイザー（Waste Advisor）」と呼んでいた[12]。住民に廃棄方法などを指導する立
場にある職員をアドバイザーに過ぎない，と捉える視点は，廃棄物管理会社におけ
る職員と地域住民との関係性を特徴づけているものであるといえよう。
　トゥルク廃棄物管理会社——そして，廃棄アドバイザー曰くフィンランドの他
の廃棄物管理会社においても同様である——では，住民との関わり合いを最重視し
ている。フィンランド中の廃棄物管理会社の職員が集う研究会が年に数回開催され，

12）本節では紹介していないが，筆者はタンペレ市にあるタンペレ廃棄物管理会社
　　（Pirkanmaan Jätehuolto Oy）でも同様の現地調査を実施した。タンペレ廃棄物管理会
　　社ではトゥルク廃棄物管理会社で「廃棄アドバイザー」に相当する職を「廃棄コミュ
　　ニケーションアドバイザー（Waste Communication Advisor）」と呼んでいた。

そこでは，住民との環境活動の状況や，新しいアイディア，さらに環境問題についての新しい知識などについて，お互いの経験や知識が交換される。したがって，住民との関わり合いに関する基本的姿勢が共有され，一貫したものになるとのことであった。さらに特筆すべきは，廃棄アドバイザーは何らかの学位をもつ専門家でもあるので，研究者の視点から最新の技術や理論についても常に吸収・発信する姿勢をもっているということである。

廃棄アドバイザーが再三述べたことは，「自分たちはアドバイザーに過ぎず，住民とは対等の立場」という姿勢を徹底させているということ，そして，「住民を，ともに環境活動を実践する実践者（practitioner）」として捉えているということである。そして，このことは，他の廃棄物管理会社でも，同様に聞かれたことであり，フィンランドの廃棄物管理会社が共有している共通の認識であるといえる。

しかし，「対等」であり「住民をともに環境活動を実践する実践者」として捉えていつつも，彼ら自身研究者としての専門家でもある。したがって，住民と行き当たりばったりで対応したりすることはなく，常に一貫した対応をとり，彼らが実施する環境活動なども，たとえば，単に「ゴミを分別する」ような活動だけではなく，「その活動の背景，それを行ったうえで何を参加者が学ぶことができ，何が変わるのか，そしてそこから自分たちはどのように実質的なメリットだけではなく学術的な知見を得ることができるのか」という研究者としての観点から練りこんで考えられた活動を考案する点は特徴的であるといえる。そして，これは後述するSPESも同様であった。

このような認識のもとに行われる地域住民とのコミュニケーション（本事例の場合は環境コミュニケーションでもある）は協同的環境活動を可能にする（Koda 2012）。

■ 5-3　協同的環境活動

廃棄物管理会社による協同的環境活動において特筆すべき点は，その「共同体」と「主体」の間にある協同関係である。従来型の環境活動においては，住民は環境問題に関心のないもの，無知なものであり，「主体」は住民に「教える」ものとして捉えられがちである。しかし，フィンランドの廃棄物管理会社による協同的環境活動においては，住民は，ややもすれば欺瞞的な環境活動[13]を行う傾向がある「主体」に目を光らせる，声をもつ「共同体」として，環境活動に関わっている。

さらなる注目点として，フィンランドの協同的環境活動における相互的で強固な環境コミュニケーションは，日常生活に密着したものであるということである。住

民が気楽に通えるようなエコ・センター（リサイクル・センター，埋め立て地なども含む）の存在，また，気軽に分別方法などを廃棄物管理会社に電話で聞いたり，訪問してもらえるような日常生活の1コマとしての環境活動の存在により，住民がより積極的に環境活動に関わることが可能となっている。そして，このような日常的な相互的環境コミュニケーションが相互信頼的な協力関係（分業）を確立する一助になっている。

協同的な環境活動においては，相互的な環境コミュニケーションにより，廃棄物管理会社と住民が環境志向型のルール，すなわち，「ゴミの最小化こそが重要であり，リサイクルは最終手段にすぎない」というルールを築いていっていると考えられる。クルター（1998）は，社会的現実について以下のように述べている。

> 社会的現実は，コミュニケーション的関係の現実である。この現実をつくっているのは，相互主観的な理解である。相互主観的な理解は，常識的な知識・理由づけをとおしてえられるものである。そして常識的な知識・理由づけは，それ自体規範的である。（クルター 1998：42）

相互的コミュニケーションに基づく協同的環境活動はまさにこの意味において，環境志向の社会的現実をつくっていくための触媒として働いていると考えられよう。

ここで，廃棄物管理会社による環境活動を，活動理論を用いて，従来型の行政による環境活動と比較してみよう。図8-2の頂点それぞれの上段は従来型の環境活動[14]を，下段はフィンランドの廃棄物管理会社への調査から導きだされた協同的環境活動を表している。

---

13) 表面的な環境活動のこと。たとえば，甲田（2012）は，コンビニエンス・ストアにおけるエコ・バッグ普及の活動が，コンビニエンス・ストアに期待される「利便性」のもと，コンビニエンス・ストアがそもそも構造的に内包している資源浪費の構造によってうまく行かないことを明らかにしている。

14) 本節では紙面の都合上紹介していないが，ここで紹介した研究では日本の自治体による環境活動についても同様の調査を行った。図8-2の上段はその調査結果に基づいている。上段の主体を「廃棄物管理会社／自治体」としたのは，日本においては一般廃棄物は自治体が処理しており，フィンランドの廃棄物管理会社に相当するのが日本では自治体だからである。

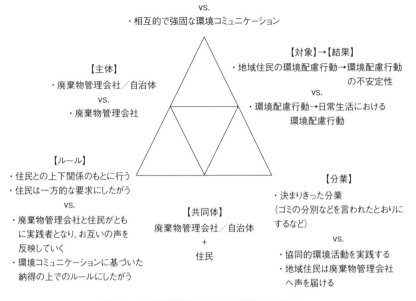

【道具】
・一方的な従来型の環境コミュニケーション
vs.
・相互的で強固な環境コミュニケーション

【主体】
・廃棄物管理会社／自治体
vs.
・廃棄物管理会社

【対象】→【結果】
・地域住民の環境配慮行動→環境配慮行動
の不安定性
vs.
・環境配慮行動→日常生活における
環境配慮行動

【ルール】
・住民との上下関係のもとに行う
・住民は一方的な要求にしたがう
vs.
・廃棄物管理会社と住民がとも
に実践者となり、お互いの声を
反映していく
・環境コミュニケーションに基づいた
納得の上でのルールにしたがう

【共同体】
廃棄物管理会社／自治体
＋
住民

【分業】
・決まりきった分業
(ゴミの分別などを言われたとおりに
するなど)
vs.
・協同的環境活動を実践する
・地域住民は廃棄物管理会社
へ声を届ける

図 8-2 協同的環境活動の活動の構造（筆者作成）

6 水平的関係性で動く協同的実践における促進者 [15)][16)]

　本節ではオーストリアの地域活性化の援助を主な活動の一つに掲げる機関である「SPES Zukunftsakademie（以下，SPES）」がその活動のなかで地元住民と築き上げる関係性について考察することにより，活動の促進者のあり方，促進者と参加者との関係性を考えていきたい。本節ではそのような活動のなかで，どのように SPES が地元住民や行政と関わり，村に革新をもたらすようなアイディアを引き出しているのかについて紹介する。

---

15) 本節は筆者が 2016 年に出版した論文 Horizontal relationship and environmental communication: A case study on collaborative activities between SPES and local residents in Austria を大幅に加筆修正したものが基になっている。
16) 本節で紹介する研究はオーストリア政府給費留学生としてオーストリア学術交流局（OeAD）のサポートにより実施された。

■ 6-1　地域活性化の援助機関 SPES

　オーストリアのオーバーエースタライヒ州にある SPES はオーストリアのシュリアーバッハ（Schlierbach）を拠点とし，ドイツ，スイスなどの，主にドイツ語圏の国の村々の地域活性化を援助する機関[17]である。人口減少などで苦しむ村からの要請を受けて，SPES は村の住民とともに，いかにしたら村が息を吹き返すのかを共に考え，さまざまな提案を行っていくという活動を主に行っている。このような提案のなかで，実際に提案が現実化し，村にはなくてはならないものになっているケースも多い[18]。SPES ではスタッフ一人ひとりがいくつかの村を担当する。スタッフ自身研究者でもあるので，住民と地域活性化のための活動を行うなかで，適宜，研究会や学会での発表を行い，最新の知見や自身の活動のフィードバックを得る。

　筆者がフィールドとした村はリンツ（Linz）から車で 30 分ほどのとても長閑な村，キルヒシュラーク（Kirchschlag）である。人口は 2,000 人程度であり，人口が減少し続けているという現状のもと，村長が村をよみがえらせるために手伝ってくれないか，と SPES に援助を請うた。これが SPES がキルヒシュラークに関わることになったきっかけである。筆者はキルヒシュラークで行われた SPES と地元住民（村長も含む）との会議に，SPES のスタッフとして 2013 年に開催された第 1 回会議から参加し，参与観察やインタビュー調査を実施した。また，このような会議は住民会議の位置づけであるので，成人した住民すべてに参加する資格がある。

　筆者は SPES のスタッフ[19]とともに会議に参加すると同時に，インタビューも行った。インタビューの際，彼がジェスチャーとともに何度も口にしたのが「平たい関係を作ろうと心がけている」という言葉である。縦を中心とした関係ではなく横に広がった関係をもとにして，SPES が軸となってその関係を活発化していくというのである。また印象的であったのは，「ファシリテーター（facilitator）」ではなく，「ヘルパー（helper）」と捉えている，と再三述べていたことである。これは，彼以外にインタビューした他の SPES のスタッフも，先に述べた関係性の認識も含め

17）正式名称は SPES GmbH であり有限会社。GmbH（Gesellschaft mit beschränkter Haftung）とは有限会社のこと。また，「SPES」はラテン語の spes と，ドイツ語の「Studiengesellschaft für Projekte zur Erneuerung der Strukturen」とを掛け合わせている。

18）たとえば「flinc」や「Zeitbank+」など。詳細は SPES Zukunftsakademie のウェブサイト〈https://www.spes.co.at/（最終確認日：2020 年 1 月 19 日）〉を参照のこと。

19）彼は SPES の中心的人物でもあり，SPES のスタッフの指導的立場にもある。

て，同様であった。それでは「ファシリテーター」と「ヘルパー」の違いは何であろうか。それは軸がどこにおかれているのか，ということではなかろうか。「ファシリテーター」と捉えた場合，あくまで軸は「（その会議で行われるべき何らかの目的を達成するための）活動（＝会議の遂行)」であり，その「活動」を成功させるために促進者と参加者は動く。一方，「ヘルパー」と捉えた場合，軸はあくまでも，「参加者（＝地元住民)」におかれる。すなわち，ここでは，「ヘルパー」とは「参加者（＝地元住民)」がその会議でさまざまなアイディアを出すための手助けをする存在として捉えられているのである。

■6-2　水平的関係性

参与観察やインタビューを通して明らかになったのは，徹底的に水平的な関係性のもと，あたかも車輪のように動く関係性のダイナミックス（動態）である。図8-3をご覧いただきたい。図8-3はこの研究を通して明らかにした水平的関係性（Koda 2016）である。黒丸はSPESのスタッフを，白丸は地元住民（すなわち会議の参加者）を表す。図8-3において，地元住民同士，地元住民とSPESのスタッフは対等の関係にある。住民のなかには村長もいれば聖職者もおり，女性もいれば男性もおり，今時の若者もいれば，リタイアした高齢者もいる。スタッフは「ヘルパー」として，各住民と対等に関わる。ここで重要な点は，SPESのスタッフは何らかの専門的知識を有している（何らかの分野の学位をもっている）ということだ。すなわち，SPESのスタッフは研究者でもある。しかし，会議の際にはそれをおくびにも出さず，あ

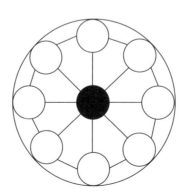

図8-3　水平的関係性（筆者作成）

たかもまさしく「ヘルパー」のようにふるまう。住民がアイディアを出す際に，それとなく専門的見地から，そっとコメントをするのである。そして，それによって話し合いの流れをつくっていくのだ。最終的にアイディアは住民自身が思いつくように，あるいは思いついたと感じられるように，スタッフは助力する──住民にアイディアやインスピレーションを与える存在として。

先のフィンランドの廃棄物管理会社の廃棄アドバイザーと同様，スタッフ自身，SPES のスタッフであると同時に研究者でもあるので，会議のなかでの彼らの動きや言葉は，綿密な考察を踏まえたものであるという点は特筆に値する。住民と信頼関係を築きつつも，住民からさまざまなアイディアを引き出すということにおいて，一定の流れを会議にもたらしているのである。

この関係性を築き上げるために SPES のスタッフはそれとなく細心の注意を払っている。それは言葉遣いにも及ぶ。一例を挙げよう。たとえば，スタッフは極力「私（ich）」や「あなた／あなたたち（Sie）」ではなく「私たち（wir）」を使って話すように心がけているという[20]。SPES のスタッフは，言葉遣いの配慮として，「あなたたち／君たち（Sie ／ ihr）は＊＊についてどう考えるのか」という表現ではなく，「私たち（wir）は＊＊についてどう考えるのか」というように，「私たち（wir）」をなるべく使用するように心がけているのである。このようにすることによって，活動の促進者である SPES スタッフと活動の参加者である地元住民との間の差異は薄まり，境界はぼやけてくる。つまり，「私」と「あなた」の差異がなくなり，「その会議の参加者」という大きな枠組み，すなわち「村を生き返らせるための活動を共に考えていく」という共同体がより濃く浮かび上がってくるのである。

また，会議自体も，この関係性を象徴しているかのように，スタッフが真ん中に立ち，住民たちはスタッフを囲む状態で始まる。日本にも車座というものがあるが，これは参加者が輪に座って話し合う形態であり，通常真ん中に人はおらず，真ん中の人が動き回ることもない，静的な形態である。一方，SPES のスタッフが行う会議形式は動的な形態であるといえよう。話し合いが進むにつれ，スタッフもこの円の中を動き回り，住民たちの声をつぶさに拾い上げていくのだ。ここで特徴的なのはスタッフは，会議中ずっと立ち続け，縦横無尽に発言している住民のもとへ向い，

20）ドイツ語では日本語と違い，主語は明確にされる。通常，このような場では，会話者間の親近の度合いによって異なりはするが，「私（ich）」と「あなた／あなたたち（Sie）」「きみ・きみたち（du ／ ihr）」のいずれかを使用することが多い。

一つ一つの発言を拾い上げていく点である。そして，会議の最初に，その日にメインで話し合う事柄の単語をホワイトボードなどに書き，会議の終わりに決まったこと，あるいはこれからより詳細に考えていくことになったことをせいぜい単語で書くのみであり，あくまでも「議論の活性化」に焦点があたっている。非常にシンプルなのである[21]。このような関係性のもとさまざまなアイディアが紡ぎだされ，それらの中のいくつかは実際の活動へ昇華していくのである。

7 日本への示唆

　これまでフィンランドとオーストリアを事例に，活動の構造や関係性の特徴を見てきた。日本において，インターローカルな実践として，これらの示唆を考慮するに，水平的関係性に関しては，日本でもそのまま試みることが可能であろう。しかし，フィンランドの事例でみた協同的環境活動で示されるような協同的実践はそのまま日本で試みることは難しい。なぜならば，フィンランド（オーストリアもそうであるが）とは違い，日本の場合，行政の役割の枠組が非常に堅固として決まっているからである。

　以上を踏まえて，筆者が日本への示唆として提案するのは，時として行政と対峙する監視者としての機能をも果たすことができ，かつ可能であればSPESのスタッフのような専門的知識をもつ住民をも含んだ，住民からなる第三者的組織[22]である。日本において自治体がフィンランドの廃棄物管理会社のように住民と関わるのは難しいと考えられるが，自治体と住民との間に，フィンランドの廃棄物管理会社やSPESのような役割を担う第三者的組織を入れこむことで，日本においても，協同的実践の突破口が開かれると考える。ここでは，本節で紹介したフィンランドの廃棄物管理会社の活動の構造を参考にし，まちづくり・地域活性化の観点から，図8-4として，日本での導入例としての協同的実践の活動の構造の例を示す。

---

21) こういった会議で日本でよく見受けられる，模造紙を広げ，ポストイットに発言やアイディアを書いたものをぺたぺたと貼る作業を行ったり，ということもしない。
22) NPOなどが考えられる。

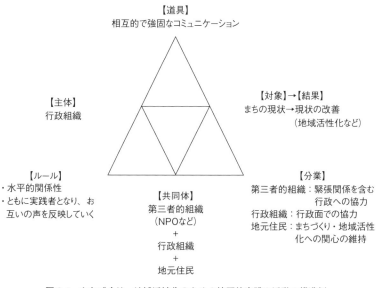

図 8-4　まちづくり・地域活性化のための協同的実践の活動の構造例
（日本での導入例）（筆者作成）

8 おわりに

　SDGs は持続可能な開発のために国連が設定した世界全体が目指すべき目標とされる。世界が目指すべき未来を提示していると考えられよう。SDGs の取り組みのみならず，何らかの目標を伴う活動を行う際，多かれ少なかれ，人と人，なかでも属するグループが異なる人たちとの間での関わり合いは避けて通れない。本章ではそのような関わり合いのなかで，どのような活動が協同的実践を可能にし，どのような関係性のもとで活動を築いていくのが望ましいのかについて考察した。

　昨今，まちおこしや地域活性化の取り組みが日本の至るところで行われるようになってきているが，これらを一過性のものではなく，持続的なものにするためには，行政と住民の間に，第三者的な組織が存在することが重要であり，かつ，それらの間には水平的な関係性が必要であるといえよう。ややもすれば，情熱のみで突っ走ってしまった結果，一時的な盛り上がりのみになってしまったり，あるいはその活動に熱心な住民とそうでない住民との間に大きな差が生まれてしまったりすることが起こりうる。また，行政と住民との会議ばかりでじつのところ，実のある議論が行

われなかったり，あるいはそのようなことをすることだけで満足してしまう。こういった事態を少しでも緩和するためには，ワンクッションおいた第三者的組織の存在が，それぞれの関係性の構築，そして持続的な活動に肝要である。そして，このような関係性の構築のために大きな役割を果たしうるのは，水平的関係性をもってすべてのステークホルダーと関わる第三者的存在としての活動の促進者である。

読書案内

①杉万俊夫（2013）．『グループ・ダイナミックス入門──組織と地域を変える実践学』世界思想社
この書籍は本章の学術的背景であるグループ・ダイナミックスについて書かれている。鳥取県智頭町での事例などの紹介や，グループ・ダイナミックスの方法論，活動理論や規範理論，さらにメタ理論である社会構成主義についてもわかりやすく解説されており，まちづくりや地域活性化などの活動はもとより，何らかの活動を実践したい，改善したいと考えている人々への示唆に満ちている必読の書である。

②日比野愛子・渡部　幹・石井敬子（2014）．『つながれない社会──グループ・ダイナミックスの３つの眼』ナカニシヤ出版
この書籍はグループ・ダイナミックスを背景に，現代社会（とくに無縁化）を「社会的交換」「文化心理学」「社会構成主義」の三つの視点から分析している。事例とともにとてもわかりやすい解説がなされているので，グループ・ダイナミックスを学ぶための副読本としてもおすすめである。

③山内　裕・平本　毅・杉万俊夫（2017）．『組織・コミュニティデザイン』共立出版
この書籍は組織デザインやコミュニティデザインについて，基礎的な理論とともに事例も含めて紹介している。

【引用・参考文献】
外務省（2015）．「我々の世界を変革する──持続可能な開発のための 2030 アジェンダ

仮訳」〈https://www.mofa.go.jp/mofaj/gaiko/oda/sdgs/pdf/000101402.pdf（最終確認日：2020 年 2 月 9 日）〉

クルター, J. ／西坂　仰［訳］(1998). 『心の社会的構造——ヴィトゲンシュタイン派エスノメソドロジーの視点』新曜社 (Coulter, J. (1979). *The social construction of mind: Studies in ethnomethodology and linguistic philosophy.* Macmillan.)

甲田紫乃（2012). 「コンビニエンス・ストアにおける資源浪費の構造——参与観察に基づく短報」『集団力学』*29*, 89–105.

杉万俊夫（2006). 『コミュニティのグループ・ダイナミックス』京都大学学術出版会

杉万俊夫（2013). 『グループ・ダイナミックス入門——組織と地域を変える実践学』世界思想社

Engeström, Y. (1987). *Learning by expanding: An activity-theoretical approach to developmental research.* Orienta Konsultit.

Engeström, Y. (2001). Expansive learning at work: Toward an activity-theoretical reconceptualization. *Journal of Education and Work, 14*(1), 89–105.

Engeström, Y., & Miettinen, R. (1999). Introduction. In Y. Engeström, R. Miettinen, & R-L. Punamäki (eds.) *Perspectives on activity theory.* Cambridge University Press. pp.1–16.

Jorgensen, D. L. (1989). *Participant observation: A methodology for human studies.* Sage Publications.

Koda, S. (2012). The motivation for proenvironmental behavior: Household waste disposal towards environmentally friendly daily life: Case studies in Finland. *Journal of Educational and Social Research, 2*(1), 191–198.

Koda, S. (2016). Horizontal relationship and environmental communication: A case study on collaborative activities between SPES and local residents in Austria. *The International Journal of Environmental Sustainability, 12*(2), 17–31.

Lewin, K. (1997). *Resolving social conflicts and field theory in social science.* American Psychological Association.

コラム：グルメコーヒーは世界を変える② ─────────

佐藤 伸

4 認証コーヒーの価値 ─────────

　コーヒーの多くは東南アジア，アフリカ，中南米の国々から世界中に輸出されます。コーヒーはバナナやカカオなどと同様にフェアトレードの対象品目の一つです。フェアトレードの説明は他書に譲りますが，コーヒーが適正な価格で取引され，生産者の健全な生活と環境が守られることに重きがおかれています。私のよく行くスーパーではなかなかフェアトレードコーヒーが置いていませんが，もしみつけることができれば生産者の安定した収入と生活の質の向上を考えると，他のコーヒーよりはこちらをできるだけ購入したいものです。

　またコーヒーにはレインフォレスト・アライアンスという認証もあります。これはコーヒー栽培をしながら熱帯雨林の環境保全を謳ったもので，持続的なコーヒー生産にはとても重要な取り組みです。他にも渡り鳥の生態系維持を意味するバードフレンドリー・コーヒーという認証もあります。

　社会問題解決や環境保全の視点から認証を受けたコーヒーはそれだけで十分な価値がありますが，認証コーヒーだからといっておいしいコーヒーかといえばそうとは限らないのが実情です。フェアトレードやレインフォレスト・アライアンスのような取り組みをもちろん踏まえつつも，味わいにしっかりこだわったスペシャルティコーヒーも近年では増えてきました。

5 スペシャルティコーヒーの出現 ─────────

　コーヒーの歴史は古く，時代の流れとともに紆余曲折を経て現在に至っています。歴史については，旦部氏の書かれた本にくわしく書かれていますのでそちらに譲りますが，一般的なコーヒーとは一線を画し，「特別な地理的条件から生まれる，特別な風味のコーヒー」を意味するスペシャルティコーヒーが戦後のアメリカで誕生します。スペシャルティコーヒーは資格をもったカップテスターによって点数化され，格付けされています。ワインも点数で表記され，高い点数ほどよいワインとされていますが，コーヒーもワイン同様に高い点数のものがよい品質です。

　スペシャルティコーヒーのなかでもとくに品質の高いものを選ぶカッ

プ・オブ・エクセレンス（Cup of Excellence）という品評会が毎年中南米や
アフリカの国々で開催されています。カップ・オブ・エクセレンスはその
年にその国で生産されたもっともすぐれたコーヒーを選ぶ品評会で，年々
その注目度が高まっています。この品評会で選ばれた豆はオークションに
出品され高値で取引されたのち，一部の手数料を除いた収益は生産者に直
接渡る仕組みです。この収益をもとにコーヒー農家は自分の農園に新しい
設備を投入でき，その結果，豆の品質の向上のみならず，新品種の作付けや
栽培方法を試すことができます。

　カップ・オブ・エクセレンスに出品される豆はすべてトレーサビリティ
がしっかりしています。すなわち，生産者は誰で，そのような品種の豆をい
つ，どのように栽培し，収穫後どうやって精製・乾燥したかについての全て
の情報が明確化されています。このような情報は買い手側にとっても信頼
性が高く，商社は安心して高値で買い付けることができます。カップ・オ
ブ・エクセレンスの豆は品質の向上とともに，年々値段も上がってきてい
ます。今は私のような一般消費者でもなんとか買える値段ですが，将来は
高価すぎて気軽に飲むことができない豆にならないかと少し心配になりま
す。

6　コーヒー豆の表記を理解する

　プロのカップテスターが格付けするスペシャルティコーヒーは，今では
とくに珍しいものではなくなりました。田舎にも数多くのカフェができて
いますので，コーヒーに多少でもこだわるカフェではスペシャルティコー
ヒーが提供されていることでしょう。スペシャルティコーヒーは，国の名前，
農園の名前，品種や精製方法も表示されていることでしょう。

　たとえば，現在もっとも高価な豆の一つとして扱われているものにゲイ
シャという品種があります。そのなかでもとくに有名なのは，パナマのエ
スメラルダ農園で作られるゲイシャです。豆の説明には「パナマ・エスメ
ラルダ・ゲイシャ」という表記があると思います。パナマのエスメラルダ
農園で生産されたゲイシャ種ですよ，という意味です。ゲイシャは独特の
柑橘系の香りと味わいで，コーヒーよりも紅茶に近いテイストをもち，高
価ですが非常に人気の高い豆です。もしコーヒー好きを自称する人ならば，
エスメラルダ農園のゲイシャを一度は味わってほしいと思います。ゲイ
シャが高価すぎて手が出ない方はカップ・オブ・エクセレンスの豆でも十
分飲みごたえがありますので，ぜひお試しを。各国の選び抜かれた豆のな

かからぜひお気に入りを探してみてください。これまで以上にコーヒーを楽しめる時間がきっと増えることでしょう。

7 おわりに

　私は学生のころからコーヒーが好きで，しかもできれば毎回毎回おいしいコーヒーが飲みたくて，自分で生の豆から購入し，ついには自家焙煎が生活の一部になりました。そのおかげでおいしいスペシャルティコーヒーを楽しんでいます。私はもしどこのコーヒーがおいしいですかと聞かれたら，信頼あるコーヒーショップで購入した豆を自分でドリップするのが一番おいしいコーヒーですと答えるようにしています。国名や農園，品種がしっかり表記された豆は，あなただけでなく，日本から遠く離れたコーヒー農家も助けることになります。生産者の生活の安定という意味でも，たまには少しぜいたくなコーヒーも飲んでみてはいかがでしょうか。

【引用・参考文献】
旦部幸博（2017）．『珈琲の世界史』講談社

第 3 部

SDGs 達成のための経営

09 SDGs とマーケティング

竹内由佳

> キーワード：マーケティング，社会的大義（社会的問題，社会的課題），消費
> 者行動，Creating Shared Value（共通価値創造），ソーシャル・
> マーケティング，コーズリレーテッド・マーケティング

1 はじめに

　マーケティングは，19 世紀末のアメリカで生まれた比較的新しい学問であり，企業活動の一つであるとされている。それは，企業の製品やサービスを売り込むことにほかならず，今日の企業活動のなかでも利益獲得のためにもっとも必要である。その一方で，SDGs の達成のために企業が行う活動とは，どちらかというと企業の営利活動そのものではなく，企業の社会的責任（CSR）や共通価値創造（CSV）であると考えられる。この一見相反するようにみえるマーケティングと SDGs 達成のための CSR や CSV について一度整理を試みていく。そして，マーケティングにおいて社会的大義を取り扱うソーシャル・マーケティングについて説明していく。

2 企業の社会的責任（CSR）と共通価値創造（CSV）

　企業は，経済的な役割や責任だけではなく，同時に社会的な存在である必要があるとされている。つまり，企業は利益をあげ，株主に対して説明責任をもつだけではなく，広く社会に対して責任をもち，経済面だけではなく，社会に対しても健全であることを示す必要がある。そこで関係してくるのが，CSR である。

　CSR とは，「私的組織である企業が，その企業が関与する範囲の社会や環境問題について，事業活動と密接に関連させて，自主的に対処する責任である」と國部

(2017) では説明されている。つまり，CSR は法律ではなく，また実行するかどうかについては義務ではないことがわかる。だからといって CSR を軽んじたりした場合は，消費者の生活が脅かされることになる（國部 2017）だけでなく，そもそもの企業活動が成り立たなくなってしまう可能性が生じる。そのような CSR を，企業が自主的に責任を果たす活動ではなく，積極的に企業活動の方向づけや戦略として用いる，戦略的 CSR が発展したものが，CSV である。

　CSV とは，Porter & Kramer（2011）により提唱された戦略論の文脈より生まれてきた考えで，企業活動を行うことで同時に社会的課題の解決を目指すものである。戦略とは，経営戦略のことを指しており，簡単に説明するならば，経営における長期的な目標を立てた上での，それに向かっていくための方策である。CSV では，企業の方策の上で，企業が事業性をもって社会的大義を果たすことが強調される，つまり戦略的な意味合いが強いものであると考えられている。それは，単に社会に対して信頼性を示す形の CSR と異なる。CSV は，事業性をもって社会に対しての信頼性を得ることが可能となる。つまり，CSR と経済的価値の追求は必ずしも相反しないということの説明にもなり得る。

　しかしながら，CSV はやはりあくまでも戦略である。既存の自社の営利目的の活動を社会的課題の解決という方策から捉えなおしたものである。そのため，CSV を行っていることは，事業として，何か新しいことを行っているとは言い難いとも考えられる。

　以上のことから，CSV は，マーケティング活動のように，消費者のニーズに対して価値提供を目指し，策定したものではないと捉えることができる。

3 ソーシャル・マーケティング

■3-1　マーケティングとは？

　この章で取り上げるソーシャル・マーケティングとは，社会的大義を顧客に対して訴えるマーケティング活動である。社会的大義とは，英語では cause と表記されている。それは，社会的問題，社会的課題と日本語翻訳されることもあるが，社会において解決すべき課題であるものの総称である。つまり，SDGs において挙げられているターゲットは，この社会的大義であると捉えることが可能であるとされる。すなわち，SDGs を達成するためにマーケティングを用いた場合，それもソーシャル・マーケティングであると本章では考えることとする。

とはいえ，まずは，ソーシャル・マーケティングにふれる前に，そもそものマーケティングとはどのようなものであるかについて簡単に説明を行いたい。

1）マーケティングの概要

マーケティングは，先ほども述べたように19世紀末にアメリカで生まれたものである。その時代のマーケティングは，もうすでに大量生産されてしまった製品をどのようにして売るのかについて主に考える，すなわち販売メインの活動であったとされる。

しかしながら，現在では，マーケティングは，売り込みに行く目標となる消費者（モノやサービスを買う人々のこと。もちろんこの章の読者も含まれる）のニーズ（欲しいモノや欲しいサービス）を分析したうえで，売るだけではなく，販売に至るまでのコミュニケーション，最終的に提供するモノやサービスの価値提供に至るまでのプロセスを考えることであるとされている。その際に必要なのが，STPとマーケティング・ミックス（4P）とよばれる，いわゆるマーケティング戦略である。このマーケティング戦略を社会的大義の訴求に用いるのが，ソーシャル・マーケティングである。

2）STP

マーケティングにおいて大切なことは，市場（需要があふれている場所。みんなの「欲しい」があふれている場所ともいえる）にあふれているモノやサービスを提供したい目標（ターゲット）のニーズを把握し，それに対していかに効率的なマーケティング活動を展開していくのかを考えることである。そこで重要なのが，市場細分化（セグメンテーション：segmentation），標的設定（ターゲッティング：targeting），ポジショニング（positioning）であり，通常，その三つの頭文字を合わせてSTPとよばれる枠組みである。このSTPの枠組みにより，いかなるターゲットに対して，いかなる価値を，いかにして届けるのかについて方向づけることが可能となる。

①市場細分化

市場細分化とは，市場を細かく分け，似た者同士をグループにしてしまうことである。多様なニーズを細かく分け，似た者同士をグループ（セグメント）にしてしまうことで，目標となるターゲットを明確にすることが可能となる。ターゲットを明確にすることで，製品の差別化を進めることができる。

②標的設定

標的設定は，市場細分化によってできあがったセグメントのどこを標的として，製品を生産し，差別化を行うかについて意思決定を行うことである。この標的とするセグメントが異なってしまうと，その後のマーケティング活動の内容も異なる。

③ポジショニング

ポジショニングは，自社の製品の立ち位置を決定することである。自社の製品の立ち位置が決まると，おのずと他社の製品の立ち位置もみえてくる。すると，同じようなセグメントに対して挑戦してくる企業や製品を推察することができ，自社の製品が他社の製品より魅力的に感じてもらう（製品差別化）ため努力することができる。

3）マーケティング・ミックス（4P）

STP という方向づけを達成するために，マーケティング・ミックス（4P）とよばれる，製品（product），価格（price），広告・販促（promotion），流通経路・チャネル（place）の四つをどのように適切に実行するのかについて作戦を用いる。STP と 4P の両方をうまくまとめ上げて実行することが，マーケティング戦略とよばれる。

①製品（product）

モノ，すなわち製品は，マーケティングにおいて提供されるものそのものである。もちろん，製品差別化の影響をダイレクトに受けるため，この製品差別化をどのように達成するのかを中心として，他の 3P が動く。

②価格（price）

他社のモノやサービスとの違いをアピールするために効果的な価格を考え定めるというよりは，市場のことを考えて価格をどのように定めるかについての作戦である。

③広告・販促（promotion）

製品差別化を適切に伝えることを目的に行われる。広告は，文字通り広い範囲に対して何か媒体を用いてメッセージを発信することを指す。テレビ CM や新聞広告，屋外広告やダイレクト・メールなどのことを示している。一方，販促は，比較的狭い範囲において行う製品の販売増加を狙う活動であり，広告を除いたものである。試食会を開いたり，サンプルを配布したりすることが販促にあたる。どちらにおいても，製品のよさを伝えること，もしくは製品の「意外な部分」を伝えることが重要になる。

④流通経路・チャネル（place）

製品をどのようにしてターゲットに届けることができるかを考えることである。たとえば，日用品はできるだけターゲットの近くのコンビニエンスストアやスーパーマーケットにおいて手に入るほうがいいはずである。そのため，コンビニエンスストアやスーパーマーケットに製品を置いてもらうように企業は働きかけることになる。

　これら 4P が適切に実行されているというのは，ターゲットに対して四つがそれぞれ「適切に」実行されているというわけではなく，四つが総合的に「適切に」実行されていることを示す。四つがそろって適切に実行されて初めて，ポジショニングが達成できることを意味しているためである。

■ 3-2　マネジリアル・マーケティングベースのソーシャル・マーケティング

　ソーシャル・マーケティングを行うことで，企業は消費者に対して自社の製品だけでなく，自社が考える社会的大義をも提供することができ，そのこと自体が消費者のニーズを満たしていると考えられる。たとえば，のちに取り上げるコーズリレーテッド・マーケティングはその典型である。

　ソーシャル・マーケティングには，大きく二つの捉え方が存在している。一つは，Kotler & Zaltman（1971）で提唱されたものが最初であるとされる，マーケティング・マネジメントの考え方をベースとしたソーシャル・マーケティングである。これは，「人々の行動を変えるための戦略」（Kotler & Robert 1989）とされている。つまり，マーケティングの手法を用いて，ターゲットに対して社会的アイデアや社会的習慣を受け入れてもらうためのプログラムの企画・実施・管理を意味している（Kotler & Robert 1989）。それはすなわち，STP や 4P というマーケティング・マネジメントで用いる枠組みを企業以外にも応用することについて言及していることに相違ない。つまり，マーケティング・マネジメントがベースとなったソーシャル・マーケティングでは，社会的大義を果たし，同時に顧客のニーズを満たすために，4P を用いたマーケティング・ミックスの導入を行うことを必要としているということを示している。

　このマーケティング・マネジメントがベースとなったソーシャル・マーケティングでは，消費者一人ひとりの行動の変化に注目する。このような消費者一人ひとりの行動の変化を観察するソーシャル・マーケティングの研究は，ダウンストリーム

(downstream) 研究とされる。ダウンストリーム研究は、ソーシャル・マーケティングのターゲットを悪い態度の表れている人々や、問題行動を起こす人々とし、その行動を変化させること (Andreasen 2006) を示す。これまでに行われてきた行動変革の例でいえば、無理のない家族計画のためにコンドームを家庭に配って使用してもらったり、マラリアを予防するために蚊帳を用意したりするようなアプローチを示している (Andreasen 2006)。このようなダウンストリーム研究は、短期間の間にみられたターゲットとなった消費者の行動の変化を観察するもので、その変化は数値の変化によって説明する (Dholakia & Dholakia 2001)。

このダウンストリーム研究という視点から捉えると、比較的早い時期からマーケティングの分野において実践され、研究されてきたコーズリレーテッド・マーケティング (Cause-related Marketing、以下 CRM と略して表記する) も、マネジリアル・マーケティング視点からのソーシャル・マーケティングの中の一分野であると考えられる。

■3-3　コーズリレーテッド・マーケティング

CRM は、ダウンストリーム研究のなかでは研究報告が多いだけではなく、実際の企業においても用いられることが多い。CRM とは、企業が何かしらの NPO 法人などと提携し、社会的問題を解決するために、その社会的問題をプロモーションし、寄付つき商品を販売するというマーケティング活動である。

CRM を語るうえで有名な事例は、1983 年に American Express の行った、「自由の女神修復プロジェクト」である。そのプロジェクトでは、社会的な問題として自由の女神がボロボロになっていることを取り上げ、American Express のカードの利用及び新規カードの申し込みを増やすと同時に、多額の寄付金を集めることができた (Varadarajan & Menon 1988)。

このような CRM の特徴は、寄付つき商品を消費者に購入してもらい、その売り上げの一定割合を提携した NPO 法人等に寄付するという流れがあることである。つまり、企業は、CRM を行えば、消費者を介して自社の製品を販売することができるだけではなく、NPO 法人等に対して、寄付を行うことができる仕組みになっている。逆に、企業は、魅力的な CRM を提供しなければ、消費者が反応してくれることがないため、自社の製品が売れないだけでなく、寄付金も集めることが叶わないことになる。それは、NPO 法人等の活動のサポートも滞ることへとつながる。

そのため、CRM の研究においては、その CRM プログラムに対する消費者の行動

の変化を捉える研究がほとんどを占めることになった。たとえば，どのような価格であれば，消費者は CRM の活動に取り組むのか，すなわち製品の購買に至るのかを観察したり，男性と女性であれば，どちらがより CRM の活動に取り組むのかについての差を観察したりするものであった。

■ 3-4　行動変革と数値の変化

3-3 の CRM 研究や，3-2 の後半で説明したダウンストリーム研究では，ターゲットの行動の変化について，主に数値の変化を通じてのみ確認することになることになる。しかしながら，ターゲットの行動の変化を数値の変化のみで確認することで，本当に行動が変革したと断定することはできない。たとえば，3-2 でも取り上げた男性への不妊治療を行うキャンプの事例について考えてみるとわかりやすい。じつは，この事例では，不妊治療の目的を知らないターゲットの男性たちも，キャンプに参加することで一定のお金や食べ物というインセンティヴが与えられていたため，それにひかれて治療に訪れていた可能性が記されている。その結果として，「数値上は」ソーシャル・マーケティングがうまくいったことが示されてしまったのである。不妊治療をなぜ行う必要があるのかという本当の目的について，ターゲットの男性たちは本当に理解し，行動を変えているのかについては言及することができない。

つまり，CRM やソーシャル・マーケティングを行う側である企業や NPO，政府の目的が果たされることと，ターゲットの「数値上の」変化が生じることは，必ずしもイコールにならないといえる。すなわち，ターゲット一人ひとりの行動を変革させるだけでは，CRM やソーシャル・マーケティングの立案者が想定した本来の目的にたどり着くことは難しい可能性を示している。

■ 3-5　マクロ・マーケティングベースのソーシャル・マーケティング

もう一つのソーシャル・マーケティングは，Lazer & Kelly（1973）で説明されたものであるとされている。そして，この流れは，マーケティングそのものが，社会的大義を果たすものであるべきであるという，企業の社会的責任を基盤としたソーシャル・マーケティングであると推測される。これは，マーケティングと社会の関係はどのようなものであると適切であるかについて説明を行おうと尽力した，マクロ・マーケティングの視点からとらえたものである。いうならば，マクロ・マーケティングベースのソーシャル・マーケティングである。このような形のソーシャル・マーケティングは，現在の社会において，社会的大義そのものがターゲットで

ある消費者にとってニーズがあるとともに，企業にとっても訴たえるべきものであるという考えから生まれているものに他ならない。

そのようなマクロ・マーケティングベースのソーシャル・マーケティングでは，より上に位置している社会的大義に焦点を当て，その変革を目指すアップストリーム（upstream）に注目する。アップストリームとは，意思決定者や意見を作成する者の行動変革のために，マーケティングやそのほかの方法を用いることで，それは構造的環境を変え，結果として社会的大義に対するポジティヴな結果をもたらすものであるとされる（Gordon 2013）。

アップストリームとダウンストリームの違いについて，喫煙という事例について考えるとダウンストリームとアップストリームは異なっていることが確認することができる。

行動変革，すなわちダウンストリームのソーシャル・マーケティングは，喫煙者自身の行動を変革することを目的とする。つまり，喫煙者自身にアプローチするようなプランニングを行うことになる。具体的なプランとしては，より良い禁煙プログラムを考えたり，ポスターの内容を考えたりすることなどが挙げられる。

一方，アップストリームのソーシャル・マーケティングは，喫煙者のおかれている環境にフォーカスをあてる。つまり，喫煙者がなぜ煙草を吸うことになってしまったのかという構造的な問題についてアプローチを行うプランニングを行う。たとえば，喫煙者が生まれる背景に関する調査を行い，喫煙者の背景に潜んでいる要因を特定することが必要となる。そのような，社会的問題に関する「そもそもの要因や構造の問題点」を解決するためにターゲットから魅力的であると思われるマーケティング活動を行う。

アップストリームのソーシャル・マーケティングはまだ数が少ない。研究に関しても同様である。そもそも，どのようにアップストリームのソーシャル・マーケティングがなされたかを確認することは難しいかもしれない。しかしながら，アップストリームのアプローチにより，法律策定者やその関係者，企業の行動，市民の行動をも変革させることが可能である。それをもとにして，社会的大義に対する社会全体の態度や考えを少しずつでも変えていくことが考えられる。これが，「数値上」変化したようにみえるダウンストリームのソーシャル・マーケティングとは大きく異なる点である。

■3-6　事例：地方創生とジビエ「国産ジビエを食べようプロジェクト」

　ここでは，マクロ・マーケティングベースのソーシャル・マーケティングを行い，まさしく構造や社会を変えていこうとしている取り組みを紹介する。

　地方創生という言葉は，聞いたことがあるようで，定義を求められるととても答えにくいものかもしれない。地方創生については，2014年に成立した「まち・ひと・しごと創生法」のなかで説明されているが……要するに，地方の人口減少と急速な少子高齢化，人口の東京一極集中をなんとかするために，それぞれの地方が，住み良く働き良い環境を整え，さらに地域の特色を生かした持続的な社会を目指していこう！というものである。つまり，地方を元気にして，もしくは元気にするためにも，これまで東京に行っていた人を呼び戻す，さらには，新たに「この地方に住みたい！　働きたい！」と移住してくるような人々を増やすという政策であると捉えられる。

　SDGs達成と地方創生は関係していないようで，じつは関係は深い。SDGsで掲げられている目標とターゲットは，すべて地方が抱える問題と密接につながっているからである。そのなかでも今回は，ジビエについて取り上げてみたい。

　ジビエとは，野生鳥獣の肉のことである。主にはシカ，イノシシ，カモが思い浮かべやすい。読者の方の想像の世界では，ちょっと小洒落たレストランなどで高級料理として出てくるか，もしくは，映画などで，モフモフとした帽子をかぶった猟師が雪深い山奥において鉄砲で仕留めた獲物の肉……といった印象になるだろうか。実際，猟師がとらえたとしても，それが適切に処理され，流通しているものについて，現在ではジビエと説明することが多い。

　このジビエとなる野生鳥獣は，地方においては，ジビエとしての文脈よりも獣害という文脈で出てくることが多い。とくに，ここではシカの獣害について考えてみたい。

　日本に生息しているシカは，主にニホンジカとエゾジカである。エゾジカは，北海道に生息しているが，本州に存在しているシカはニホンジカである。諸説色々とあるが，天敵であるオオカミがいなくなったことや，過去の狩猟・鳥獣保護政策による生息数の増加，生息域の拡大などの理由から，シカと人間の生活領域が重なることになり，シカによる獣害が問題視されている。

　農林水産省によると，野生鳥獣による農作物の被害額は，2018（平成30）年度で158億円であり，そのなかでもシカによる被害額は約55億円であると報告されている。さらに，林野庁の調べによると，森林の被害面積は，2017（平成29）年度で

6,000haの広さとなっており，そのうちシカによる被害は，約7割であるとされている。シカの森林被害というのは，生息数が増加し，食べ物が不足しているシカが，畑の作物を荒らし，森の木々の新芽を食べつくし，さらにはヒノキなどの樹皮を食べてしまうことを示している。樹皮を無くした木々は枯れてしまい，それが倒木や土壌流出などの原因となる。また，人間の住処や道路に入らないようにと防護柵を作るなどの対策をしても，それをすり抜けたシカと衝突する車や鉄道も後を絶たない現状もある。

　シカを害獣として捕獲する動きはもちろんある。2018年度に獣害対策として捕獲されたシカは約45万頭，一方で，猟師たちによる狩猟で捕獲されたシカは約17万頭の合計約62万頭のシカが捕獲された。国でも地方でも，このような野生鳥獣を，ジビエという価値のある商品にすること，そして，そのジビエを地方創生のために用いることを推奨している。

　ところが，このシカなどの野生鳥獣をジビエとして利用しているかというとそうではない。シカに関しては，ジビエとして処理されたのは，約5.6万頭，全体の約9％と，1割にも満たない。獣害対策として捕獲されたシカは，自家消費（猟師たちが持ち帰って食べたりして，自宅で消費するということ）しない場合は，山のなかに土深く埋めるなど処理する必要があるにもかかわらず，捕獲されたシカのほとんどがジビエとして利用されていないのが現状である。この捕獲されたシカがジビエとして利用されていない理由として挙げられるのが，ジビエがそもそも日本の食に浸透していないことと，流通網が整っていないことである。

　ジビエに対するイメージは，高齢者であるほど悪く，「臭い」「固い」がほとんどを占める。そのイメージを払しょくすることができなければ，日本の食卓においてジビエがあたりまえのように取り入れられることが難しく，流通させても意味はない。一方で，たとえば，シカは高たんぱく低カロリーで鉄分も多く，アスリートや女性にとって最適な食材でもある。そのため，レストランや外食産業では，比較的若い層をターゲットとした新しい取り組みとしてシカをメニューとして扱いたいところも多く，ジビエが広く日本の食卓に上がることに貢献してくれそうであると感じる。

　ところが，シカをはじめとしたジビエは，適切に処理がなされたかどうかによって安全性どころか，肉質や味が大きく変わってくる。そのため，レストランや外食産業は，信頼ある解体業者と取引を行う必要性があるが，そのような解体業者の情報はなかなか流れてこない。一方の解体業者では，多くの害獣として捕獲されたシ

カが日々解体されているのにもかかわらず，売る先が見つからなくて困っている。猟師たちも，害獣をジビエとして売る先がないとわかれば，捕獲するモチベーションも下がるし，そもそも猟師として生活をしていくこともできないため，猟師を辞めてしまうだろう。そして，猟師が減ることでさらにシカの獣害が……というような悪循環が各地で生まれている。

　ここで，おいしく安全なジビエを流通させ，かつ，地方の抱える獣害対策としてのジビエ振興の両方を解決しようとする取り組み「国産ジビエを食べようプロジェクト」を紹介する。この取り組みは，NTT ドコモ，一般社団法人日本ジビエ振興協会，株式会社 Tsunagu で行われている。株式会社 Tsunagu とは，IOT を利用して農業を変えることを目指す企業であり，ビジネス向けの農産物直取引プラットフォームを提供している。この三つが「ザ ジビエ」という Web サイトを経営し，安全なジビエの流通とマッチングを実現するというものである。

　この「ザ ジビエ」というサイトは，国産ジビエ認証を取得した食肉処理施設だけが集う直売 Web サイトである。国産ジビエ認証とは，農林水産省が 2018 年に制定した制度で，認証マークがジビエの安全性を国が保障していることとなる。「ザ ジビエ」は，利用者の登録料や利用料は無料であり，登録完了後，各施設で販売しているジビエの部位と価格のメニュー表の中から，欲しいジビエの部位と欲しい量をオーダーすることができる。オーダーの状況はすぐに把握でき，売り手との取引が完了し次第決済が発生する。つまり，レストランや外食産業と，安全な解体業者の出会いを促進，つまりマッチングを行う新たな取り組みである。

　従来の，マーケティング・マネジメントベースのソーシャル・マーケティングであれば，「ジビエを食べようキャンペーン！」のように，ジビエを用いた画期的な料理を作って提供をしてみたり，ジビエが食べたくなるような CM の探求などに各企業や組織は従事したのではないか。

　しかしながら，この取り組みは，それとは少し異なっている。社会的大義として，野生鳥獣被害を減らすことを訴求しつつも，実際には，野生鳥獣を安全に欲しいレストランなどに流通させることで，ジビエとして多くの消費者に価値あるものとして届ける事業を行っている。そのような取り組みを通じて，多くのレストランや外食産業で安全なジビエがより幅広く取り扱われるようになる。そして，レストランを訪れた消費者がジビエのおいしさを知れば，ジビエの価値が高まるであろう。すると，ジビエの価格も上がり，それを入手する猟師たちのモチベーションもあがるだろうし，猟師を目指す者も増えるかもしれない。ほかにも，ジビエをもとにした

　町おこしや，ジビエを利用した産業，それに従事するために移住してくる人々も生れ，ひいては，地方創生へとつながっていく可能性が高い。

　たしかにまだこの事業はスタートしたばかりではある。しかし，このように，消費者一人ひとりの行動を変化させるだけでなく，社会構造そのものを変革させていくような取り組みは，今後もさまざまな形で生まれていくのではないだろうか。その背景には，社会的大義を訴求しながらも，マーケティングが存在していることを忘れてはいけない。

4　おわりに

　この章では，SDGs 達成のための CSR や CSV について一度整理を試み，マーケティングの枠組みで社会的大義を取り扱うソーシャル・マーケティングについて説明した。

　消費者の多様化が進み，これまでのように単一の機能的に良い製品やサービスを提供するだけでは，購買は進まないのが現状である。一方で，消費者は（自分の幸せや満足以外に関しても同様に）「よりよいこと」にお金を遣うために非常に慎重でもある。そうであるならば，企業は，製品やサービスだけでなく，SDGs のようなターゲットそのものへの自社の思いや考えをも，消費者に提供することで，消費者と共に歩み，よりよい社会を目指していく。そのような消費者と企業による二人者三脚も，素敵なのではないだろうか。

【引用・参考文献】

國部克彦（2017）．「CSR とガバナンス」國部克彦［編著］・神戸CSR 研究会［編］『CSRの基礎——企業と社会の新しいあり方』中央経済社，pp.3-21.

電子政府の総合窓口e-Gov（2014）．「まち・ひと・しごと創生法」〈https://elaws.e-gov.go.jp/search/elawsSearch/elaws_search/lsg0500/detail?lawId=426AC0000000136（最終確認日：2019 年 11 月 24 日）〉

農林水産省（2018）．「捕獲鳥獣のジビエ利用を巡る最近の状況」〈http://www.maff.go.jp/j/seisan/tyozyu/higai/h_kensyu/attach/pdf/30_tsukuba_kensyu-11.pdf（最終確認日：2019 年 11 月 24 日）〉

林野庁（2019）．「野生鳥獣による森林被害」〈http://www.rinya.maff.go.jp/j/hogo/higai/tyouju.html（最終確認日：2019 年 11 月 24 日）〉

Andreasen, A. R.（2006）. *Social marketing in the 21st century*. SAGE Publications.

Dholakia, R. R., & Dholakia, N.（2001）. Social marketing and development. In P. Bloom,

& G. Gundlach (eds.) *Handbook of marketing and society.* Sage Publications, pp.486-505.

Gordon, R. (2013). Unlocking the potential of upstream social marketing, *European Journal of Marketing, 47*(9), 1525-1547.

Kotler, P., & Robert, E. L. (1989). *Social marketing: Strategies for changing public behavior.* The Free Press. (コトラー, P.・ロベルト, E. L. ／井関利明［監訳］(1995).『ソーシャル・マーケティング——行動変革のための戦略』ダイヤモンド社)

Kotler, P., & Zaltman, G. (1971). Social marketing: An approach to planned social change. *Journal of Marketing, 35*(3), 3-12.

Lazer, W., & Kelly, E. J. (1973). *Social marketing: Perspectives and viewpoints.* Richerd D. Irwin.

Porter, M. E., & Kramer, M. R. (2011). Creating sheard value: How to reinvent capitalism-and unleash a wave of innovation and growth. *Harvard Business Review, 89,* 2-16.

Varadarajan, R. P., & Menon, A. (1988). Cause-related marketing: A coalignment of marketing strategy and corporate philanthropy. *Journal of Marketing, 52*(3), 58-74.

【参考ウェブサイト】

The Gibier（ザ ジビエ）「国産ジビエ認証施設が集うプラットフォーム」〈http://gibier.cc/（最終確認日：2019年11月24日)〉

第1部

第2部

第3部

10 持続可能なファッションとは何か？

グローバル市場における
消費と生産を考える

連 宜萍

> キーワード：ファストファッション，SPA，グローバル化，アパレル業界，多
> 国籍企業

1 はじめに

　2003 年に来日する前，私は台湾のアパレル業界に 11 年間勤めていた。本章で説明する内容とも関連するので，そのときのことについて，ここで少しふれておきたい。最初は縫製工場で生地の裁断を手伝ったり，機械でボタンを留めたり，出荷前の衣服を畳んだり，雑用も含め縫製工場でほとんどの仕事を経験した。台湾が韓国や香港などと並んで世界銀行に「東アジアの奇跡」とよばれた 1990 年代，私は休日もほとんど休まず働いていた。

　数年後，スポーツジャケットを製造する会社に転職した。職名は営業アシスタントであり，主な仕事内容は海外バイヤーと縫製工場との連絡のパイプ役だった。くわしくいえば，海外のバイヤーから私の所属する営業部門にファックスで製造の仕様書を送られてくる。その仕様書に書かれている納期や製造方法などが技術的に可能かどうかを，私たちアシスタントが社内の関連部署と調整し，バイヤーに返事を出し，受注までのやりとりをする仕事だった。いわゆる OEM（相手先のブランドによる生産）という生産形態である。

　このように私は台湾のファッション業界において，毎日出荷の納期に追われた成長期から，最低賃金の上昇する成熟期を経て，海外の生産コストの低い国へと大量に工場が移転しはじめた衰退期のすべてを経験した。当時はこのプロセスのことを一国の経済の成熟化だと考えていたが，現在では行き過ぎたグローバリゼーションが引き起こした現象だと考えている。つまり，経営のグローバル化によって，

ファッション商品のサプライチェーンが変化し，その消費形態と製造形態が大きく変わった時期だったのである。

　本章では，21世紀のファッション業界の消費形態，生産形態の変化について説明し，その変化がどのような問題を引き起こしたかを明らかにする。最後に，経済成長，環境保全と人権保護のバランスを取るためにいくつかの提案を示したい。

2 ファストファッションの誕生

■2-1　アメリカにおける消費形態の変化

　アメリカのファッション商品の消費形態の変化について，クライン（2014）によれば，終戦の1950年代頃まで，デパートはアメリカの都市生活と経済活動を支える小売の専門機関で，作り手，売り手，買い手の三つの役割を担っていた。

　しかし，1960年代から，JCペニーといったチェーンストアは全米に店舗を展開し，デパートの顧客を奪いはじめた。チェーンストアの魅力としては，無料駐車場，深夜営業，衣料品のほかに家電や家具も安く購入できる，などがあった。

　1970年代に入ると，ショッピングモールがアメリカ全土に急増し，ショッピングモールの中のチェーンストアでの買い物があたりまえとなった。人々が衣服を安く買いはじめた理由は，嗜好が変化したというよりも，人口構成が変わり，とくに子育て世代は家計の衣料費を切り詰めようとしていたからだと説明されていた。当時，金銭的に余裕がある人は高級品志向に走り，そうでない人は低価格を追求していた。要するに，当時のアメリカは中間層が衰退をはじめ，高級品志向と低価格志向という消費形態の二極化が進んでいた。

　ショッピングモールの躍進の影で，アメリカで多くのデパートが打ち出した生き残り戦略は，バーゲンセールだった。10週間に1度の度合いでセールが繰り返され，消費者はバーゲンセールになったら買いに行くことを覚え，デパートも熾烈な値下げ競争に陥ってしまった。2005年に，アメリカのデパートが販売した衣料品のうち，6割がセール品だったという。

　1990年代から，高級品志向の消費者の数が減り，常に値段が比較されるようになっていく。そのため，小売業者はありとあらゆる手段でコスト削減を考えざるをえなくなった。この頃から，全米でデパートの合併や買収が進み，GAPに代表されるファストファッションが大きく成長した。

■ 2-2　日本における消費形態の変化

日本のファッションに関する業態の変化については，山内（2014）の記述を追っていこう。1980年代の終わり頃まで，アパレル・メーカー（製造卸売業）とデパート（小売業）を中心に発展し，デパート主導の時代だった。

日本のデパートは，消費者に海外の高級ブランドを紹介するために，積極的に海外のブランド企業との提携を結んだ。たとえば，1953年に大丸はクリスチャン・ディオールと独占契約を結び，1959年に高島屋はピエール・カルダンとの提携を発表した。

この頃，デパートと手を携えて成長した代表企業は，レナウンやオンワード樫山などのアパレル・メーカーだった。デパートとアパレル・メーカーの取引形態として，アパレル・メーカーは製造した商品をデパートに販売委託をするが，売り場の販売状況を把握するために，常にデパートに販売員を派遣していた。一方，デパートは実際に販売した商品の代金をアパレル・メーカーに支払い，売れ残りの商品をアパレル・メーカーに返品する形式を取っていたため，デパートは販売についての責任を負わない。一方，アパレル・メーカーは返品された衣服を地方のデパートで処理するか，日本より発展の遅い台湾や香港に輸出していた。

1990年代頃から，複数のブランドを扱う衣料専門店や輸入ブランドを選択して販売するセレクトショップが乱立し，デパート主導の時代が終焉を迎えた。この時期から，海外ブランドのZARAやH&M，国内ブランドのUNIQLOやしまむらが日本全国に店舗を展開し，ファストファッションが消費形態の主流になった。

■ 2-3　高級品志向からファストファッションへ

ファッション商品の消費形態を概観すると，日米ともにデパート主導の消費時代があった。デパートがファッション市場をリードしていた時代において，人々にとって衣服はみせびらかすための高級品ないし贅沢品で，衣服の単価がきわめて高かった。その後，消費者の二形化（高級品を好む層と低価格の商品しか買わない層への分極）にともない，市場も二極化したが，現在では，多くの人にとって，チェーンストアやショッピングモールで衣服を買うことが主流となった。今のファッション商品といえば，ファッション性があるとはいいがたく，均質化され，かつ低価格の商品ばかりが陳列されており，衣服は必需品どころか，必要でなくても買ってしまう消耗品だといったほうが適切かもしれない。

すなわち，現在ZARAやH&M，UNIQLOといったファストファッション・ブ

ランドが消費市場をリードしているのである。ファストファッションとは，その名のとおり，ファッション商品のサイクルはこれまでの4シーズンではなく，商品の入れ替えが月に1回あるいは週に1回という頻度で速くなったことを意味している。なぜファッション商品の入れ替え期間が短縮できるのか。なぜファストファッションが低価格で生産できるのか。これらの現象を説明するには，ファストファッションを支える SPA という業態と経営のグローバル化を理解しなければならない。

3 SPA の登場とグローバル化

■3-1　アパレル業界のサプライチェーン

　ファッション商品の生産工程はきわめて複雑で，いくら技術が進歩しても機械やロボットによる生産の自動化には限界がある。ファッション製品の製造プロセスがどのように複雑なのかを示すため，以下では図 10-1 を用いて説明する。

　ファッション製品のサプライチェーンは川上の繊維産業，川中の紡織産業と川下のアパレル産業からなる。まず，繊維産業の生糸メーカーや合繊メーカーは糸を生

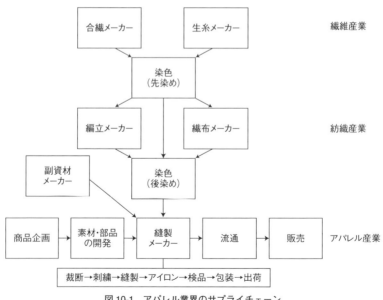

図 10-1　アパレル業界のサプライチェーン
出所：筆者作成。

産し，それを織布メーカーや編立メーカーに出荷する。次に，織布メーカーは織物を織り，または編立メーカーはニット布を編み立て，染色メーカー（後染めの場合）に出荷し，色染めをする。そして，縫製メーカーは衣服製造に必要な生地と副資材を仕入れ，衣服を製造し出荷する。これら一連のプロセスは「垂直分業」とよばれる。

　続いて，アパレル産業における製造プロセスは，商品企画（コンセプト，デザイン，生地と素材の選定）から，開発（素材と副資材の開発），縫製（素材と副資材の仕入れ，裁断，刺繍，縫製，アイロン，検品，包装，出荷），流通（ピッキング，タグ値札付け，配送），販売（デパート，専門店，ショッピングモール，通信販売）から成り立ち，これらの製造工程は「水平分業」とよばれる。

■ 3-2　SPA 企業の登場

　前述したように，1980 年代の終わり頃まで，日本のファッション産業はアパレル・メーカー（製造卸売業）とデパート（小売業）を中心に発展していた。当時のアパレル・メーカーといえば，図 10-1 に示した商品企画から素材などの開発，縫製，流通まで一括して製造を行うメーカーにあてはまる。また，当時のファッション製品の販売はデパートが主導し，アパレル・メーカーは生産した製品をデパートに販売委託していた。

　1990 年代初頭から，多くのアパレル・メーカーが小売業に参入し，SPA という業態が登場した。SPA（Speciality store retailer of Private label Apparel）とは，自社のオリジナルのアパレル商品の企画から素材・副資材の調達，縫製，流通，販売までを自社のイニシアチブで一括管理する経営形態のことを指す。SPA はアメリカのアパレル大手の GAP 社が自社の業態を株主総会で説明したときに用いた言葉で，日本では一般に「製造小売業」と訳される。

　日本での SPA 企業の代表例としては，ワールドやオンワード樫山，UNIQLO などが挙げられる。衣料品の製造と卸売を行っていたワールドやオンワード樫山が小売業に参入し，自社製品の企画から販売まで一貫して取り仕切るようになった。こうした川上の企業が川下分野に向かって統合を行うパターンを「前方統合」という。一方，もともと衣料品の小売業から出発したファーストリテイリングが，商品の企画と製造に参入し，プライベートブランドの UNIQLO 等の製品の企画から製造，販売まで一括して行う企業に転身した。このような川下の企業が川上分野に向かって統合したパターンを「後方統合」という。

第1部

第2部

第3部

　ファッション商品の生産形態は，過去の製造卸売業と小売業による「分業」か
ら，現在 SPA とよばれる企業がすべての生産の流れを指揮する「統合」に変化した。
こうしてアパレル企業は，サプライチェーンの後方となる供給業者だけでなく，前
方の消費者にもかかわることによって，消費者の欲求に応じたファッション商品の
デザインや入れ替えの期間の短縮化ができたのではないかと考えられる。

■3-3　経営のグローバル化

　SPA 企業は自社製品を一括して管理するものの，すべての製造は国内で行うと
は限らない。瀬藤（2014）によれば，スペインの ZARA は生産全体の約 7 割をスペ
イン国内または欧州域内で生産するが，約 3 割のベーシックな衣料品の生産を海外
の工場に委託するという。また，日本の UNIQLO は衣類製造のほとんどを中国企
業に委託生産しているが，品質や納期を把握するために，本社から駐在員を派遣し
ている。

　アパレル業界のサプライチェーンの前半の商品企画，素材・部品開発と後半の流
通，販売等は，先進国国内に残っている場合が多い。一方，機械による自動化生産
が困難で，生産コストのうち人件費が高い割合を占める縫製の部分は，先進国の生
産費が上昇するにつれて，その生産が労働賃金の安い発展途上国への移転が余儀な
くされる。

　このような生産形態の変化を別の観点からも説明できる。コンピュータ・メー
カーの Acer の創業者である施振栄氏が提起したスマイルカーブ（施 2004）を参照

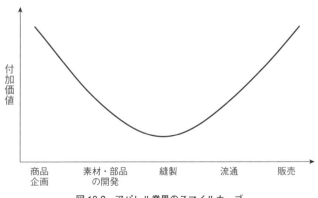

図 10-2　アパレル業界のスマイルカーブ
出所：施（2004：297, 301）をもとに加筆。

しながらアパレル産業に適用すれば，図10-2に示すことができる。アパレル産業のサプライチェーンの両端に位置する商品企画部門と販売部門の付加価値は高いため，先進国はその生産を国内に残す傾向が強い。一方，素材開発部門と流通部門の付加価値は両端のそれに比べてやや低いが，縫製部門の付加価値よりは高いので，その生産がすぐ海外に移転されない。しかし国内の生産費が高くなり続けると，いずれ生産コストの安い国へと移転することはさけられない。アパレル産業のなかで，真ん中の縫製部門の付加価値がもっとも低く，その生産のほとんどが先進諸国で行われておらず，すでに労働コストの低い発展途上国において生産ネットワークが形成されている。

　前述のように，現在のファッション業界の生産形態は，SPA企業による一括管理の形態であるが，じつはとてもきめ細かい国際分業が行われている。これを企業内の国際分業とよぶ。経営のグローバル化が進み，それぞれの国は自国の強みを最大限に活かそうとした結果，世界のファストファッションが低価格で提供できていると考えられる。

4　安くて何が問題か？

　おしゃれな洋服を安く買えるなら，誰でもうれしい。しかし，どうやって安く作られて，どうして安く売られているか，考えたことあるだろうか。2015年上映のドキュメンタリー映画『ザ・トゥルー・コスト』では，ここ十数年に流行るファストファッションの裏に潜んでいる問題を挙げている。

■4-1 ファストファッションの環境負荷

　現代人は物質主義にとらわれて，目にみえるものを所有すれば幸福感を感じ，服を安く購入できることは人生の慰めになっているようである。あなたのタンスに何枚の服が入っているか，そして一年以上にわたって一度も着たことのない服は何枚あるかを数えたことがあるだろうか。「わからない」「数えたことがない」「とにかく入れておく」と答える人は，常に服を買いすぎているかもしれない。服を大量に買い，一度も着たことがなく，値札もそのままついているものも少なくないだろう。こうした行き過ぎた物質主義が環境に大きな負担をかけていることを無視してはならない。

　未着用の服や着なくなった服を中古屋に安く売ったり，慈善団体に寄付したりす

れば，だれかに再利用されるかもしれない。しかし，廃棄した服がだれかに再利用
されるとしても，服を生産する各段階においてすでに有害物質が出て，環境には多
大な負荷を与えていることが見過ごされている。今の衣料品はポリエステルやナイ
ロンで作られたものが多く，そういった化学繊維の加工はプラスチックの加工と同
様，汚染物質を大量に排出する。まして，第三世界の国々では，先進国から送られ
た服はすでに山ほどあって，大量の服がリサイクルされず捨てられている（クライ
ン 2014）。

　では，100%綿製品で製造された服を買えば，環境保全は可能だろうか。本来なら
綿花の栽培は自然と調和し，1年もしくは1シーズンといったサイクルで生産され
るものである。しかし，現代の綿花栽培は，農家が作業員を雇って雑草処理をした
り，畑に害虫駆除剤を散布したりするのではない。「ラウンドアップ」とよばれる農
作物や雑草を無差別に枯らす非選択性除草剤を畑に大規模で均一的に散布するのだ。
結果的に，遺伝子組み換えによってラウンドアップに耐性をもつ綿花等の種子が販
売され，その種子は「ラウンドアップレディー」とよばれる。ファッション産業が
成長するとともに，綿花栽培が工業化され，市場需要に合わせて大量生産せざるを
得なくなった。

　日本オーガニックコットン協会によれば，2012年に，世界の綿作面積3420万ha
のうち，遺伝子組み換え綿花の作付面積は2420万ha（71%）を占めている。とくに，
綿花生産大国のインド（92%），アメリカ（81%），中国（67%）で遺伝子組み換え綿
の生産が急増している。少量の化学物質であれば，土壌自らがそれらを浄化する能
力をもつ。しかし，大量のラウンドアップが綿花栽培地の全域に長期的に散布され
た際の，微生物まで残るであろう残留性薬剤の土壌への影響は，ほとんど考慮され
ていない。

■4-2　ファストファッションと人権

　ファストファッションの成長がもっとも非難される点は，環境破壊ではなく，人
権侵害である。洋服についているタグを見ると，われわれが着ている服の多くは，
中国やベトナム，カンボジア，バングラデシュなどから来ていることがわかる。近
年経済が急成長した中国を除いて，衣服の産地といえば貧困国を連想しやすい。つ
まり，縫製工場は貧困国にあるイメージが強く，貧困国で低賃金かつ長時間労働を
行う製造業者は「搾取工場」とよびうる。

　ファッション業界のサプライチェーンの頂点にある企業は，商品の企画や販売を

行う先進国の企業である。先進国の多国籍企業は衣料品を作る場所を選ぶことができ，製造単価まで決めることができる。一方，サプライチェーンの底辺をなすのは発展途上国の縫製工場で，多国籍企業に委託された仕事を低賃金で劣悪な労働環境で製造している。

　また近年，発展途上国の縫製工場で起きる事故がたえない。映画『ザ・トゥルー・コスト』で挙げられたのは，2013年4月24日，バングラデシュのダッカで縫製工場が集まる8階建ての「ラナ・プラザ」ビルの崩落事故だ。この事故では死亡者1,100人以上，負傷者2,500人以上を数え，そして何百人もの人が生き埋めになった。ファッション産業史上で最悪の惨事だった。

　このような工場の老朽化などによる崩落事故や火災事故は以前からバングラディッシュでは起きている。2002年，ZARAの子供服を生産していたダッカの工場が崩落し，64人が死亡，70人以上が負傷した。2010年，GAPの製品を生産していたダッカ北部のハミーングループの工場は火災で27人が亡くなった。さらに同年，バングラデシュの首都ダッカ郊外のガジプールにあるガリブ＆ガリブ社の縫製工場も火災に見舞われ，21人が犠牲になった。ここはH&M向けのセーターやカーディガンを生産する工場であった。

　2013年に発生したダッカの崩落事故をきっかけにH&Mやウォルマート，GAP等の多くのアパレル大手は縫製工場の労働環境改善を約束したが，今もって縫製工場の労働環境が改善されておらず，事故が依然として頻発している。2017年7月3日，バングラデシュのガジプールにある縫製工場でボイラーが爆発し，10人余りが死亡し，約50人が負傷した。事故発生後，ボイラーの使用期限が切れていたことが判明した。この工場は服飾メーカーのマルティファブズ社が所有し，主に欧州ブランド向けの製品を生産していた。

　貿易の自由化が進めば進むほど，グローバル企業が海外に進出しやすくなり，海外の労働力搾取が容易になる。反グローバリゼーション運動は近年に始まったことではなく，たとえば20世紀の終わり頃，アメリカの大学では搾取工場への不買運動があり，GAPやNIKEなどのファッション企業が標的になった（クライン 2014）。

5 おわりに

　行き過ぎた物質主義は先進国の過剰消費をもたらし，人々の過剰消費は発展途上国の過剰生産を引き起こす。結果として，環境は破壊され，人権もないがしろにさ

れる。本章の最後に，ファッション業界の成長とともに環境保全と人権保護のバランスを取るためにいくつかの方策を提案したい。

■5-1　経済成長と環境保全のバランスをとるために

はじめに，経済成長と環境悪化とのつながりを断つことを考えよう。SDGs のゴール８のターゲット 8.4 でも「世界の消費と生産における資源効率を漸進的に改善させ，［…略…］経済成長と環境悪化の分断を図る」ことが謳われている。ではどのようにすれば，これを達成できるのだろうか？

第１に，一人ひとりができることとして消費スタイルを変えることである。われわれ消費者は今までの「低価格・納得品質」という消費の価値観を捨て，少しでも良い品物にお金を費やし，「納得価格・高品質」へと意識を変えることができれば，アパレル関連企業の成長が持続し，環境悪化の歯止めがかかると考えられる。

第２に，企業ができることは生産体系を考え直すことである。すでに SDGs を事業の一環として取り組んでいる企業は少なくない。適当な企業のホームページを開けば，「CSR」のアイコンがみえる。多くの企業は利益ばかりではなく，環境・人権・地域貢献などの社会的責任を果たす活動を行っている。マイケル・ポーターらは 2011 年に CSR の概念を内包した CSV（Creating Shared Value：共通価値の創造）を提起し，企業と地域社会との共通価値を創造する重要性を述べている。CSV は日本で古くからあった商慣習の「三方よし」に類似するもので，すなわち企業は自社の事業活動を通じて，買い手よし（顧客の満足），売り手よし（従業員の満足）と世間よし（地域社会の満足）というトリプルウィンを創り出すものである。

ファッション業界の CSV の事例として，本社が愛知県にある「株式会社 FINE」の例を挙げたい。アパレル商品の売れ行きが天候や流行に大きく影響され，売れ残った在庫を処分する場合に，(1) 在庫処分業者に一括転売し，セール価格で再販されると，ブランドイメージが低下する，(2) 在庫商品をリサイクルせずに廃棄すると処分コストがかかり環境悪化を招く，という二つのリスクがある。

この二つのリスクに取り組むべく，ファイン社は斬新なビジネスモデルを開発した。同社は衣服の在庫を買い取り，襟下にあるブランドタグを切り落とし，縫製工場で自社の登録商標である「Rename」のタグをつける加工を行い，市場で新しいブランド名として販売する。元のタグがカットされたため，そのブランドの価値が守られている。また，元の製品はそのままに「Rename」という商標で再販されるため，環境への負担を軽減することができる。

■ 5-2　経済成長と人権保護のバランスをとるために

　今のファッション業界の生産形態の問題点を，SDGs のゴール 10「人や国の不平等をなくそう」に照らして考えると，先進国と発展途上国の間での賃金格差や社会保障制度の隔たり，労働環境などの人権に関わる不平等が存在している。不平等の原因は作り手，売り手および買い手の距離にあることを指摘したい。

　売り手であるアパレル企業の多くは，トレンド情報を把握するために，買い手である消費者の近くに営業拠点を設置している。売り手と買い手との距離は近い。しかし，売り手のアパレル企業と作り手の縫製工場の距離は比較的に遠い。たとえば，H&M の本社はスウェーデンにあるが，工場はカンボジアやバングラデシュにある。アパレル企業は縫製工場の従業員を正式に雇用せず，工場を所有していない。定期的に縫製工場に足を運び，製造プロセスや品質，生産者の働き状況を視察するアパレル企業はきわめて少ない。

　売り手と買い手との適切な距離については，映画『ザ・トゥルー・コスト』でも紹介したピープルツリー社（People Tree）が好例である。ピープルツリー社は 1991 年にイギリス人起業家のサフィア・ミニー（Safia Minney）が東京で設立したフェアトレードのアパレル企業である。映画によれば，サフィア・ミニー氏は，商品のコンセプトやコレクションから取り組むのではなく，各生産者の技術をもとに，フリーランスのデザイナーと商品を共同にデザインするため，定期的にバングラデシュやジンバブエを訪ねているという。売り手のピープルツリー社は積極的に製造現場の労働環境を視察し，作り手との距離が近いものとなっている。

■ 5-3　カンボジアでの事例から学ぶこと

　われわれが着ている服はどのような労働環境で製造されるかを確かめるために，筆者は 2019 年 11 月にカンボジアのプノンペンに行き，既製服製造協会（GMAC）を訪問し，縫製工場 2 軒及びその上流の供給メーカーの刺繍工場，印刷工場とハンガーの射出成形工場を視察した。カンボジア政府は 1997 年に労働法を施行し，最低賃金（2019 年現在，月給 182 ドル）の遵守，および工場内の保健室と救急箱の設置を要求するようになった。今回訪問したカンボジアにある外資系企業所有の工場のどれも最低賃金以上を支給しており，製造現場に保健室と救急箱を設置していることが確認できた。ここで特筆すべきことは，筆者が訪問した縫製工場のキングファースト社（King First Industrial Co., Ltd.）は，法令遵守の上，従業員の健康を守るために，工場内にミニ農園を設け，自社栽培の有機野菜で従業員にランチの提供

図10-3 キングファースト社の製造現場（上），ミニ農園（右下）と従業員食堂（左下）

出所：筆者撮影。

を試みている（図10-3）。

　映画『ザ・トゥルー・コスト』に挙げられているバングラデシュでの負の事例もあるが，一部の企業は持続的経営の観点から，自社社員と積極的にコミュニケーションを取り，より良い労働環境作りに努力している。今後，人や国の不平等をなくし，過剰消費による環境悪化の歯止めをかけるためには，前述のファイン社やピープルツリー社，キングファースト社などの経営方式は参考に値する。そしてこれらの取り組みは同時にSDGsのゴール12の「持続可能な消費と生産パターンを確保する」の実現にも大きく寄与するだろう。

読書案内

①リボリ, P. ／雨宮　寛・今井章子［訳］（2007）．『あなたのTシャツはどこ
　から来たのか？──誰も書かなかったグローバリゼーションの真実』東洋経
　済新報社

繊維・アパレルの貿易を支配してきた多国間繊維取極（MFA）が 2005 年に
撤廃され，欧米諸国が発展途上国からの繊維類製品の輸入数量を制限できなく
なった。繊維製品の貿易自由化は，賃金と労働条件を押し下げるのではないか
という懸念から，本書の著者は安いTシャツの一生を追い始めた。米国テキサ
ス州の綿農園から出発し，中国の縫製工場へ，再び米国へ戻り，最後にアフリ
カ大陸に流入するTシャツの一生から，グローバリゼーションの実態を知るこ
とができる。

②クライン, E. L. ／鈴木素子［訳］（2014）．『ファストファッション──ク
　ローゼットの中の憂鬱』春秋社

ファストファッションの出現は世の中の消費文化を変えた。スピード生産や大
量流通の裏には資源浪費，人権侵害，環境破壊などの問題を抱えている。本書
では，服が作られるまで縫製工場の真実や，役目を終えた服の行き場など，多
岐にわたって書かれている。ファストファッションとアパレル業界の舞台裏に
潜んでいる問題を知り，われわれの消費システムを見直す重要な一冊である。

③上村雄彦・首藤信彦・内田聖子ほか（2017）．『自由貿易は私たちを幸せに
　するのか？』コモンズ

いま世界中で自由貿易に対する疑問の声が沸き上がっている。世界経済と世
界貿易の成長は貧困問題，格差社会，環境悪化，人権侵害などの問題を加速し，
新たな貿易ルールが求められている。本書は国内外の学者及び NGO リーダー
がさまざまな観点から，自由貿易が異なる経済主体にもたらす利益と不利益を
分析し，現在の自由貿易体制を強く批判する書籍である。この本を読み，私た
ちが教科書で勉強する市場主義経済や自由貿易至上主義の欠陥を考え直す重
要な一冊である。

第1部

第2部

第3部

【参考映像資料】

『ザ・トゥルー・コスト』(監督：アンドリュー・モーガン，プロデューサー：マイケル・ロス，製作総指揮：リヴィア・ファース・ルーシー・シーゲル，配給：ユナイテッドピープル，公開年：2015 年，製作国：アメリカ)

【引用・参考文献】

クライン, E. L. ／鈴木素子［訳］(2014).『ファストファッション──クローゼットの中の憂鬱』春秋社

施振栄 (2004).『再造宏碁──開創，成長與挑戰』天下文化書房

瀬藤澄彦 (2014).『多国籍企業のグローバル価値連鎖──国際経営戦略論の系譜』中央経済社

山内雄気 (2014).「アパレル──アパレル・メーカーの台頭」橘川武郎・平野　創・板垣　暁［編]『日本の産業と企業──発展のダイナミズムをとらえる』有斐閣，pp.46-66.

【参考ウェブサイト】

日本オーガニックコットン協会「JOCA 連載コラム vol.23：遺伝子組換え綿（バイオ綿）の現状」〈http://joca.gr.jp/column23/（最終確認日：2020 年 2 月 5 日）〉

AFP BB NEWS (2017.7.5).「バングラデシュの衣料品工場で爆発，13 人死亡約 50 人負傷」〈https://www.afpbb.com/articles/-/3134385（最終確認日：2019 年 10 月 8 日）〉

FINE MAGAZINE (2018.2.28).「アパレルの在庫処分──買い取りか廃棄か？新しい在庫再流通「Rename」とは」〈https://c-fine.jp/magazine/rename（最終確認日：2019 年 10 月 30 日）〉

「People Tree」〈http://www.peopletree.co.jp/index.html（最終確認日：2019 年 10 月 10 日）〉

11 SDGs ウォッシュを考える

ストーリーとしてのサステナビリティ戦略を目指して

中尾悠利子

> キーワード：SDGs ウォッシュ，グリーンウォッシュ，企業経営，NGO，ストーリー，サステナビリティ戦略

1 はじめに

　SDGs は，すべての社会的主体に行動や協働を要請しており，企業にも主導的に解決を担うよう求めている。SDGs における企業の役割は，2030 アジェンダ第 67 条では次のように定められている。

> 民間企業の活動・投資・イノベーションは，生産性および包摂的な経済成長と雇用創出を生み出していく上の重要な推進力です。我々は，小企業から共同組合，多国籍企業までを包含する民間セクターの多様性を認識しています。我々は，こうしたすべての民間セクターに対し，持続可能な開発における課題解決のための創造性とイノベーションを発揮することを求めます。

　この記述から企業による潜在的なイノベーションによって SDGs17 のゴールの達成への期待がわかる。しかしながら，企業の SDGs 活動に対し，SDGs の 17 のロゴをホームページに掲載しながら，具体的な活動にまで落とし込まれていないなど，見せかけだけの SDGs 活動を装っている企業をメディアや国際機関，NGO が「SDGs ウォッシュ」と指摘している（OECD 2017）。企業のイノベーションによって SDGs を達成するためにも，消費者や投資家からの信頼を損なうおそれのある「SDGs ウォッシュ」を防ぐことは重要である。

　本章では，「SDGs ウォッシュ」とは何か，なぜ起こるのか，また SDGs ウォッ

シュの影響とは何かを述べる。そして最後に SDGs ウォッシュ防止に向けた処方箋を提唱したい。

2 SDGs ウォッシュとは

■2-1　ウォッシュとは

「グリーンウォッシュ（greenwashing）」という造語があるのをご存知だろうか。この用語は，うわべだけ環境に熱心にみせることを表現するために，グリーン（＝環境配慮）とホワイトウォッシュ[1]（＝英語でごまかす，取り繕うことを意味する）を合わせた用語である。「グリーンウォッシュ」は，1980 年代頃から NGO が表面だけ環境を装う企業を非難する用語として使用されてきた。たとえば，環境を訴求する広告を打ち出しながら，熱帯雨林伐採を長年続けるなど明らかに環境に悪影響を及ぼす事業を行っている企業をグリーンウォッシュと指摘している（WWF ジャパン 2011）。

2000 年代以降に，「ブルーウォッシュ」という造語も出た。ブルーウォッシュのブルーは国連のロゴの青い色を指す。国連グローバル・コンパクトの 10 原則（環境，人権，労働，腐敗防止）への遵守を広告のように示した企業が実態としてそれらの活動が伴っていない場合に，NGO や人権保護家は「ブルーウォッシュ」と呼称し，それらの企業を批判している（Public Eye 2007）。

グリーンウォッシュ，ブルーウォッシュに続いて，2015 年の SDGs 採択以降，一大ブームとなった SDGs についても，「SDGs ウォッシュ」という言葉が聞かれるようになった。2017 年 9 月 25 日の世界 SDGs アクションデーに，OECD の責任ある企業行動に関する作業部会 議長ロエル・ニエウウェンカンプ氏（Roel Nieuwenkamp）は，同ウェブサイトを通じて次のように SDGs ウォッシュを警告している（OECD 2017）。

> SDGs ウォッシュとは，SDG ゴールへの貢献を利用し，他の SDG へのプラスの貢献をアピールして，他の SDG にマイナスの影響を無視する企業を指す。たとえば，気候変動を防止するために，電気自動車を販売している（SDG13 気候変動には貢献）。しかし，そのバッテリーの原材料となるコバルトは，コンゴ

---

1)　英語でウォッシュの意味の一つに，「（不正や罪）を浄化する，取り除く」があり，「ホワイトウォッシュ」とは，ホワイトとウォッシュを組み合わせた造語になる。

の 5 歳の子供によって採掘されている可能性がある（SDG8 ディーセントワークには悪影響）。

　ニエウウェンカンプ氏は，自社の SDGs の良い面を強調し，サプライチェーンにおよぶ労働や環境などのマイナスの影響は考慮されていない点を SDGs ウォッシュと懸念している。OECD 以外にも，人権 NGO のオックスファムや国連グローバル・コンパクトおよび GRI も同様の内容を指摘している（GRI & UNGC 2018a；Mhlanga et al. 2018）。

　SDGs は 17 の目標を掲げているため，一部の目標にはプラスの活動でも，企業活動によって社会的なマイナスを増幅される場合は，グリーンウォッシュおよびブルーウォッシュと同様に，「SDGs ウォッシュ」として批判の標的になる。

■ 2-2　SDGs ウォッシュの分類

　モニターデロイト（2018）は SDGs ウォッシュを次の表 11-1 の五つに分類している。大きく分けると「取り組み・開示が不十分」や「取り組み・開示は実施してい

表 11-1　SDGs ウォッシュの 5 類型

出所：モニターデロイト（2018：171）

	批判につながる五つのパターン	ウォッシュの 5 類型にあてはめた過去の事例
取り組み・開示が不十分	認識不足 （対応すべき社会課題を認識できておらず，そもそも取り組みに至っていない）	国内メーカー A 社は，生産拠点で働く外国人労働者（技能実習生）に対する人権侵害が報道され，海外人権団体などから批判された
	取り組み不足 （対応すべき社会課題に取り組んでいるが，取り組み水準が十分でない）	国内金融機関 4 社は，海外子会社等が軍事製品の製造に関与する企業に投資していたとして，国際 NGO からバッシングを受けた
	開示不足 （取り組みは行っているものの，必要十分な情報を開示できていない）	日系メーカー B 社は，省エネ車が危険物質を排出している事実を開示できておらず，NGO によりバッシングを受けた
取り組み・開示は実施しているが負の影響を創出	負の誘発 （特定の社会課題に対する取り組みにより，別の社会課題を引き起こす／悪化させている）	温室効果ガス排出量削減の決め手とされるバイオ燃料に関する EU ／アメリカの生産奨励策が食料需給を圧迫し，2007 年に発生した世界的な食料価格の高騰・飢餓の一因とされた
	言行不一致／矛盾 （特定の社会課題に取り組む一方，別の取り組みでは同社会課題を引き起こす／悪化させている）	ある途上国政府が同ород品の商標登録取得に向けた各国政府に交渉中，食品 C 社が米国政府に反対を要請したことについて，NGO から「フェアトレードを掲げている C 社が生産者の自立を阻害している」と店舗前抗議活動などを展開された

るが負の影響を創出」となる，SDGs ウォッシュの事例をあげている。また，これらの事例は，社会課題の擁護・代弁的役割を担う NGO からの批判によって明るみに出たと解釈できる。

　前述した OECD のニエウウェンカンプ氏やモニターデロイト（2018）による SDGs ウォッシュ批判事例をもとに，本章では SDGs ウォッシュを「SDGs への貢献をアピールしているにもかかわらず，アピールしているレベルにまで SDGs 活動は及んでいない（つまり SDGs 貢献のアピールは自社のイメージ強化のため）」と定義する。

③ SDGs ウォッシュはなぜ起こる

　SDGs が採択されたのが 2015 年であり，企業間での SDGs ブームは，ここ 2, 3 年の間の出来事である。SDGs ウォッシュもそれに応じてここ最近の問題となる。そこで本節では SDGs ウォッシュの用語の起原でもあるグリーンウォッシュの要因を体系的に示した Delmas & Cuerel-Burbano（2011）を取りあげ，SDGs ウォッシュが起こる要因を検討したい。上記では，グリーンウォッシュの生じる要因を「外部要因」「組織要因」「個人要因」の三つにレベル分けしている。

■3-1　外部要因

　はじめに，外部要因を取りあげる。外部要因を大別すると，（1）規制と（2）市場要因（投資家要求，消費者要求，競合他社）に分けられる。

1）規　　制

　Delmas & Cuerel-Burbano（2011）は，グリーンウォッシュを取り締まる規制はゆるやかだと述べている。SDGs ウォッシュに置き換えると，実質的な SDGs 活動を行っていなくとも，自社のホームページに SDGs のロゴを並べていても規制で取り締まられるわけではない。つまり，SDGs のブームにのり，広報することに取り立ててリスクはなく，むしろ SDGs のロゴを載せる方が自社にとってプラスと考えるのだろう。

2）市場要因（投資家要求，消費者要求，競合他社）

　企業は，消費者や投資家の要求に応えようとグリーンウォッシュを行う（Delmas & Cuerel-Burbano 2011）。消費者は企業に対し，環境配慮製品への要求が高まってい

る。このような消費者要求と同様に，投資家要求も加速している。投資家は，環境によい企業を投資する社会的責任投資（SRI：Socially Responsible Investment）のために，企業を高く評価する。

SDGs と消費者の関連でいうと，SDGs の認知度に関して，朝日新聞社が東京・神奈川に住む人を対象に調査をしたところ，2017 年の第 1 回調査（n=3136）は「12％」であったが，2019 年の第 5 回調査（n=3000）では，「27％」と増加傾向となり，消費者への広がりがうかがえる。SDGs と投資家との関連でいうと，たとえば，2018 年5 月に，ニッセイアセットマネジメントから，SDGs 達成に関連した事業を展開する企業の中から，株価上昇が期待される銘柄を選定した 「ニッセイ SDGs グローバルセレクトファンド」の運用を始めた。これらの動きからも，企業の SDGs への取り組みに対して消費者や投資家からの要求は高まっているとうかがえる。

市場の競争環境もグリーンウォッシュを引き起こす要因となっている（Delmas & Cuerel-Burbano 2011）。Delmas & Cuerel-Burbano（2011）は，同じ産業内の競合他社が，環境活動を熱心にアピールすればするほど，グリーンウォッシュは一般化されることを示している。Bowen（2014）[2] も，企業の経済的な合理性ではなく，競合他社との関係や企業を取り巻く環境がグリーンウォッシュを起こす要因として説明している。

同じように，競合他社の SDGs 貢献のアピールが，同じ産業内の他の企業による SDGs ウォッシュを引き起こしているかどうかは現時点では定かではない。しかし，SDGs がブームになればなるほど，SDGs ウォッシュへの危惧が指摘されている（OECD 2017）。

■ 3-2　組織要因

Delmas & Cuerel-Burbano（2011）によると，組織要因は前述の外部要因と組み合わさってグリーンウォッシュを生じさせると述べている。彼らは，組織要因に，いわゆる企業レベルでの特性（規模や産業，収益性）の他にも，組織の利己的な風土や組織内コミュニケーションの有効性などをあげている。たとえば，世の中で環境配慮商品や社会的責任投資などが増加するにつれ，利己的な組織は利益目標のためにグリーンウォッシュを引き起こすと指摘している。デロイトトーマツ（2017）は，

---

2) Bowen（2014）は，既存のグリーンウォッシュ研究において採用されている理論よりも広範な理論を活用し，グリーンウォッシュが生じる企業行動を説明している。

SDGs ビジネスの市場規模は，それぞれの各目標の小さいもので 70 兆円，大きなもので 800 兆円程度に上ると試算している。つまり，グリーンウォッシュと同様に，組織の利己的な風土の要因が影響し，企業の利益目標のために SDGs ウォッシュが起きる恐れがある。

その他に Delmas & Cuerel-Burbano（2011）は，グリーンウォッシュの要因に，企業内部のコミュニケーションの有効性が機能していない点を指摘している。たとえば，広報部門と製品開発部門とのコミュニケーションが円滑でなければ，広報部門は製品の環境性能を正しく確認しないまま，グリーン製品をアピールした広告を出してしまう懸念を示している。SDGs の場合，グリーンウォッシュよりも多くの企業内の部門が関わっている。つまり，企業内部のコミュニケーション不足によって SDGs ウォッシュが生じる可能性は考えられる。

■3-3 個人要因

Delmas & Cuerel-Burbano（2011）は，グリーンウォッシュが生じる要因の三つ目に，個人要因をあげている。彼らは，経営者の心理的なバイアスや未来の不確実な情報によってグリーンウォッシュを引き起こすと示している。たとえば，経営者は自社の利益予想が低くなるという情報が入ると，短期的な利益インセンティブの心理的バイアスによって，自社の環境面をアピールする行動が生じると指摘する。SDGs は先に示したように市場においても大きなブームとなっており，グリーンウォッシュと同様に，経営者の心理バイアスによって，SDGs ウォッシュが生じる可能性はなきにしもあらずだろう。

グリーンウォッシュを防ぐガイドを作成したイギリスの広告会社の Futerra（2015）によると，グリーンウォッシュは，人をあざむくための策略によっては起こらないと述べている。つまり，企業は意図せず，うっかりとグリーンウォッシュを起こしてしまうという意味と解釈できる。Delmas & Cuerel-Burbano（2011）もグリーンウォッシュを防ぐためには，外部要因，組織要因，個人要因が生じていることへの理解が必要と述べている。SDGs ウォッシュに関しても，企業はそうとは気づかずに起こしていると考えられよう。

4　SDGs ウォッシュの影響

SDGs ウォッシュが生じた際の影響とは何か。SDGs より先にその影響による問

題が指摘されてきたグリーンウォッシュをもとに，ここでは SDGs ウォッシュが消費者や投資家，企業にどのような影響があるのかを検討しよう。

　消費者は，企業の広告や表示をもとに環境配慮製品を購入する。しかし，それが過度に環境をアピールする広告や偽りの環境表示であれば，消費者は企業に対してどのような印象をもつだろうか。Chen & Chang（2012）は，台湾の消費者を対象に「グリーンウォッシュ」と消費者の環境商品への信頼度との関係を分析した。その結果，グリーンウォッシュの商品は消費者の混乱を引き起こし，環境配慮製品の信頼に対して，悪影響を及ぼすと示している。つまり，他の商品との差別化のためのグリーンウォッシュであれば，消費者はその商品への信頼度の低下が指摘されている。

　他方で，グリーンウォッシュを行う企業に対し市場はどのように反応するのだろうか。Du（2014）の研究では，投資家は環境をアピールするグリーンウォッシュ企業に対してどのような反応を示すのかを，累積超過収益率（CAR：Cumulative Abnormal Return）を指標として採用し，グリーンウォッシュとの関係を検証している。Du（2014）の結果によると，グリーンウォッシュと CAR との関係はネガティブな関係を示している。彼の研究結果から市場はグリーンウォッシュ企業とそうでない企業を識別していると考えられよう。

　このような文献に示された結果から，グリーンウォッシュを行う企業は，消費者や投資家から高い評価は得られていない。逆にこのような企業は，消費者の不信や投資家からのマイナスのイメージをもたれているといえよう。

　グリーンウォッシュと同様に，SDGs ウォッシュを行う企業も，消費者や投資家からの信頼を得られないものと考えられる。SDGs ウォッシュを行う企業が多くなれば，SDGs のような社会課題解決に向けた製品やサービス全体に対し，不信感が高まり，SDGs ウォッシュを行っていない企業に対しても影響を及ぼしかねない。

　また，企業の SDGs への貢献を評価し，投資する ESG（環境・社会・ガバナンス）市場の規模（全世界）は，2018 年時点で 30 兆 6830 億米ドル（約 3418 兆円）となる。オーストラリア・ニュージーランドでは，ESG 投資は全投資額の 63.2％，カナダ 50.6％やヨーロッパ 48.8％，日本でも 18.3％となり，ESG 投資は世界規模で増加傾向にある（GSIA 2019）。SDGs に関連した投資信託も新規設定され[3]，投資家からの企業の SDGs 貢献も注目されている。SDGs ウォッシュが投資家に見抜かれると，

3）詳細は日本経済新聞「広がりみせる ESG・SDGs 投信（投信観測所）」2019 年 6 月 4 日夕刊を参照。

企業価値の毀損につながる。加えて，SDGs ウォッシュが一般的になれば，ESG 市場自体に投資家は不信感が増加する懸念が考えられよう。

このような SDGs ウォッシュの影響は，SDGs ウォッシュを行う企業だけでなく，企業の SDGs 貢献を後押しする市場自体に悪い影響を及ぼしかねない。

5 SDGs ウォッシュを超えて

■ 5-1 SDGs ウォッシュ防止に向けて

企業の SDGs への貢献とともに，SDGs ウォッシュが危惧され，そのための防止に向けた文書が国内外で発行されている。国際的には，GRI（グローバル・レポーティング・イニシアティブ）と国連グローバル・コンパクトから企業経営によるSDGs 活動をどのように発信するべきかの指針となる「ゴールとターゲットの分析（以下，『分析』）（2017 年 9 月）」と，「SDGs を企業報告に統合するための実践ガイド（2018 年 8 月）」（以下，『実践ガイド』）が 2017 年から 2018 年かけて発行された。なお，GRI（グローバル・レポーティング・イニシアティブ）とは，企業の環境・社会・ガバナンス（ESG）活動の報告する際の実質的な国際標準のガイダンスである。国連グローバル・コンパクトとは，国連による組織の環境・社会活動へのイニシアティブであり，現在国連グローバル・コンパクトの参加企業は世界で約 10,000 社となる[4]。

『分析』は，SDGs の 169 個のターゲットレベルにおいて，企業にどのような開示事項があるのかをリスト化したものである。この『分析』は，企業が SDGs に貢献するためのアクションや指標が例示されている。たとえば，SDGs のターゲット 1.1「2030 年までに，現在 1 日 1.25 ドル未満で生活する人々と定義されている極度の貧困をあらゆる場所で終わらせる」のに役立つビジネスアクションとして，「事業を行っている自治体に応分の税金を納め，教育，保健，インフラなど，自治体が資金を提供する主要な貧困対策を支援する」と『分析』では例示されている。

もう一方の『実践ガイド』は，SDGs のどのターゲットを企業が優先すべきかの特定の仕方に焦点をあて，行動し，進捗の報告を支援するためのプロセスを概説している。

国内では，2018 年 7 月に大手広告代理店の電通が『SDGs コミュニケーションガ

4）2020 年 2 月現在（国連グローバルコンパクトウェブサイト）〈https://www.unglobalcompact.org/（最終確認日：2020 年 2 月 11 日）〉。

イドブック』を発行した。この文書は，SDGs の取り組みの実情と乖離した過度の
表現や消費者に誤解を与えかねない不適切な表現が，消費者などのステークホル
ダーからきびしい批判を受けることについて懸念し，気をつけるべき点を整理して
いる。

■ 5-2 ストーリーとしてのサステナビリティ戦略

1）ストーリー戦略とは

本項では SDGs のような社会課題解決を行う企業を「ストーリーとしてのサステ
ナビリティ戦略」の視点で検討し，前項で取り上げた指針やガイド以外にそもそも
SDGs ウォッシュを起こさせない処方箋を提唱したい。ここでいう「ストーリー戦
略」は，2010 年に発行され，ビジネス書としては異例の 20 万部を超えるベストセ
ラーとなった楠木（2010）『ストーリーとしての競争戦略』に倣う。楠木（2010）は，
日本企業は流行りに弱い点や，他社の戦略を模倣する傾向が強いことを問題意識と
し，企業の持続的な競争優位は，「何」を「どのように」だけで説明できるものでは
なく，その背後にある「なぜ」という因果論理に踏み込んだ「ストーリー」[5] が重
要であると説いている。

前述した Bowen（2014）は，グリーンウォッシュが起こる要因は企業を取り巻く
競合他社の模倣によると指摘している。また，日本企業はそもそも SDGs にみられ
るような環境・社会活動に対して，「＊＊社が実施しているから」と，横並び意識か
ら参加する要因が強いことがうかがえる。したがって，SDGs ウォッシュが生じる
要因としても競合他社の SDGs 活動の影響が考えられる。そこで本項では，他社と
の模倣から脱皮するために「なぜ」の因果論理に踏み込む楠木（2010）の「ストー
リー」の視点から企業の環境・社会活動を検討してみよう。つまり，ストーリーの
視点をもつことで，SDGs ウォッシュを超える企業の「サステナビリティ戦略」に
つながるものと考える。

それでは，楠木（2010）の提示しているストーリーの基準とは何か。戦略ストー
リーの評価基準はストーリーの一貫性（consistency）となるが，その一貫性の次元
として次の三つの次元を提示している。

5）楠木（2010）のストーリーとは，戦略を構成するさまざまな構成要素をつなげる一連の
流れや動きを指している。なお，同書では，イチロー選手をたとえに，「WBC 日本チー
ムに参加」や「朝食はカレーライス」などを「構成要素」として，イチロー選手の成功
のつながりを示している。

①ストーリーの強さ

XとYの二つの構成要素の間のつながりを考える。ここでつながりとは、XがYを可能にする（促進する）という因果論理を意味している。そして、XがYをもたらすという蓋然性が高いことがストーリーの強さである。

②ストーリーの太さ

「太さ」とは、構成要素間のつながりの数の多さを指している。一石で何鳥にもなる構成要素があれば、その分ストーリーは太くなる。

③ストーリーの長さ

時間軸でのストーリーの拡張性なり発展性を意味している。反対に、構成要素の間に強いつながりがあって将来に向けた拡張性がなければ、それは「短い話」で終わる。他方で、構成要素の間にある種の好循環を生み出す論理が組み込まれているほど、ストーリーは「長く」なる。これがストーリーの長さである。

2) パタゴニアのストーリーとしてのサステナビリティ戦略

世界的なサステナビリティ企業[6]のパタゴニア社の方針を楠木 (2010) による「ストーリー戦略」をもとに、同社の「サステナビリティ戦略」をみてみよう。

米国に本社があるパタゴニアは、40数年前、クライミング・ギアを作る小さな会社として出発し、今もアウトドア製品の製造販売を行っている。同社は1993年、アウトドアメーカーとしては初めて、消費者から回収されたペットボトルから再生したフリースを使った製品を製造した。続く、1994年に、同社はコットン製スポーツウェアのすべてを1996年までにオーガニックコットン100%に切り替えるという決断を下した。そして、全社員一丸となって取り組み、すべてのコットン製品をオーガニックに切り替えることに成功した[7]。

同社のミッション・ステートメントには、「私たちの存在意義」「最高の製品を作る」「不必要な悪影響を最小限に抑える」「ビジネスを手段に自然を保護する」が掲げられている。同社のミッション・ステートメントからつながった出来事はどのよ

---

6) リサーチ会社 GlobeScan とコンサルティング会社 SustainAbility 社が、毎年 800 名以上のサステナビリティ専門家に対するアンケート調査を実施している。その調査の結果、パタゴニアは、サステナビリティリーダー企業として 5 年連続継続して 2 位を維持している（The GlobeScan and SustainAbility Survey 2019）。

7) パタゴニア社ウェブサイト〈https://www.patagonia.jp/20-years-of-organic-cotton.html（最終確認日：2020 年 1 月 20 日）〉より

うなストーリーの流れになっているのか。同社のサステナビリティ戦略ストーリーを次の三つの次元からひも解いてみよう。

①ストーリーの強さ

パタゴニアが，オーガニックコットンを全製品に切り替えるきっかけは，新店舗の従業員に健康被害が出たことである。同社は使用しているコットンがどこから調達しているかは把握していなかった。そこで，同社は4種類の繊維（コットン，ポリエステル，ナイロン，ウール）について，その環境負荷を調査した。そこでわかったことは，綿畑の面積は耕作地の2.5%にすぎないが，農業で使用される殺虫剤の15%，農薬の10%が綿畑で使われているという大量の農薬使用であった（パタゴニアのウェブサイトより）。そこでパタゴニアは，次の三つの目標を掲げて，オーガニックコットンへの全製品の移行を目指した。

（1）新しいオーガニック製品ラインを売る。

（2）より持続可能な農業に向けて社会変革に影響をおよぼす。

（3）オーガニックコットンの採用を促進するため，他のアパレル会社に影響を与える。

パタゴニアの水準を満たすサプライチェーンの改革は，農家，紡績工場，編み工場，染色工場などとの強化を行っている。そして，同社は，1994年にオーガニック

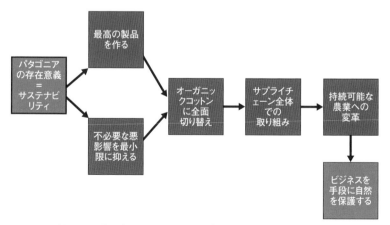

図11-1　パタゴニアのストーリーの「強さ」：構成要素のつながり
出所：楠木（2010：189）を参考に筆者作成。

コットンの全製品への切り替えを決意し，1996 年に目標を達成した。

　パタゴニアの存在意義は，地球環境問題の原因に対処し，故郷という場所を守ることである。そのために，生態系への影響を最小限に抑える「最高の製品を作る」といったミッションを掲げた同社のオーガニックコットンへの全製品への切り替えと，それに伴うサプライチェーン全体で行った取り組みへの努力，持続可能な農業に向けた社会変革を目指す一連の姿勢や行動は，構成要素間の因果論理の強さである「ストーリーの強さ」を語っている。

②ストーリーの太さ

　パタゴニアは，「従来の消費社会に警鐘を打つ」とのミッション・ステートメントに掲げている。これに関連して 2011 年 11 月 25 日，クリスマス商戦に向けた日に"Don't Buy This Jacket"（ジャケットを買わないで）という広告をニューヨーク・タイムス紙に掲載した。なお，アメリカでは，11 月の第 4 木曜日の「サンクスギビングデー」（感謝祭）の翌日の金曜日を「ブラックフライデー」と呼んでいる。この日からクリスマスに向けてセールがスタートし，消費者が 1 年のうちでもっとも買い物をする日として知られている。そのためこの日を意識した広告を打ち出したのであろう。また同社の 2013 年の秋の製品カタログ（2013 秋）に次の一文が掲載されている。

　もし明日の朝から本当に必要なものしか買わないことにしたら，現在のビジネスは崩壊するということも私たちは理解しています。けれども，もし現在のビジネスが私たちを断崖に導いているとしたら，どのような解決策があるでしょ

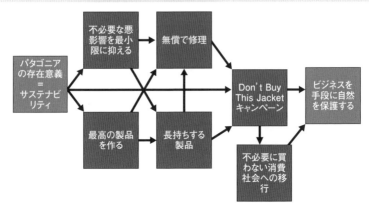

図 11-2　パタゴニアのストーリーの「太さ」：構成要素のつながり
出所：楠木（2010：191）を参考に筆者作成。

うか。……私たちはどうしたら持続不可能な経済を持続可能なものに方向転換できるか……（同社の製品カタログより）

パタゴニアの"Don't Buy This Jacket"の広告は，パタゴニアのミッション・ステートメント「ビジネスを手段に自然を保護する」が，他の構成要素とのつながりによって実現されている。同社の「最高の製品」に関する基準は「機能性」「修理可能性」，そして何よりも重要な「耐久性」をあげている。つまり，生態系への影響を最小限に抑えるもっとも直接的な方法の一つは，何世代にもわたって使用できる，あるいはリサイクル可能な製品であると。それにより製品は長く使われる。したがって，最高の製品とはわれわれの惑星を救うことに貢献するものだとパタゴニアは考えている。

図11-2に示した「最高の製品を作る」は，「"Don't Buy This Jacket"キャンペーン」の構成要素につながっている。つまり，これらの構成要素は横のつながりだけでなく，「縦のつながり」の多さによっても導き出された「ストーリーの太さ」を示している。

③ストーリーの長さ

パタゴニアは，1985年以来，「1％フォー・ザ・プラネット」のメンバーとして年間売り上げの1％を非営利環境団体に寄付することを誓約している。2011年11月25日のブラックフライデーに「このジャケットを買わないで」の広告を掲載した。そして，5年後の同じく2016年11月25日（金）のブラックフライデーに，売り上げの100％を地球を守る草の根の環境保護団体に寄付した。このキャンペーンに関して同社のウェブサイトでは次のように報告している。

反響は予想を大きく上回るものであったことを，ここにご報告します。皆様のご支援により，パタゴニアでは全世界合計で過去のブラックフライデーの売り上げの記録を塗り替える1000万ドル（約11億円）を売り上げることができました。予想していた売り上げの200万ドル（約2億2000万円）の5倍を超える金額でした。このブラックフライデーにお客様が地球に対して示した大きな愛で，私たちはこの金額を1円たりとも残さず，すべて世界中で活動する草の根環境保護団体に寄付することができるのです。

この寄付金額は売上高の100％であるため，人件費や原価はパタゴニア自身の負

図11-3　パタゴニアのストーリーの「長さ」：構成要素のつながり
出所：楠木（2010：196）を参考に筆者作成。

担となる。しかし，このキャンペーンの結果は予想の5倍を超える金額であったためパタゴニアの「ビジネスを手段に自然を保護する」につながった事例といえよう。

　同社のミッション・ステートメントには，「私たちの存在意義」「最高の製品を作る」「不必要な悪影響を最小限に抑える」「ビジネスを手段に自然を保護する」が掲げられている。図11-3の末端に位置づけている「ビジネスを手段に自然を保護する」は，20年以上前の「オーガニックコットンの全製品切り替え」によるサプライチェーンの改革から，「"Don't Buy This Jacket" キャンペーン」，そして，「全売上高の全額を寄付」まで，時間軸でのストーリーの拡張性なり発展性ある「長いストーリー」として語ることができる。

6　おわりに

　1980年代にグリーンウォッシュが，2000年代にブルーウォッシュが指摘され，2015年のSDGs採択以来，SDGsブームにあたる現在ではSDGsウォッシュの問題が顕在化している。グリーンウォッシュの時代から数十年経っているものの，同様の問題が起こりうるのは，第3節で述べたグリーンウォッシュが生じる外部要因や組織要因，個人的な要因への対処が不十分で合ったことも一つ考えられよう。加えて，SDGsのブームをうけSDGsを行っている他社を模倣していることも一つのSDGsウォッシュの起因と考えられる。企業によるSDGs貢献が期待されるなか，

企業を支援する消費者や投資家の信頼を損ないかねない行為となる SDGs ウォッシュは大きな課題である。本章では，「ストーリー」の視点が他社との模倣とは異なる自社独自のサステナビリティ戦略につながっている点をパタゴニアの事例を通して示した。ここで紹介したストーリーとしてのサステナビリティ戦略は，SDGs ウォッシュを超えて，全世界共通のサステナビリティ目標への企業によるイノベーションを引き起こし，SDGs 推進につながるものと期待できよう。

読書案内

①國部克彦［編著］・神戸 CSR 研究会［編］（2017）．『CSR の基礎──企業と社会の新しいあり方』中央経済社
本書では，企業の環境・社会活動を「CSR（Corporate Social Responsibility）」と括り，CSR の広範な内容を 15 章で取りあげている。企業が CSR を行う上での具体的な項目とともに，その背景になる理論を初学者に理解しやすい内容としてまとめている。

②國部克彦・西谷公孝・北田皓嗣・安藤光展（2019）．『創発型責任経営──新しいつながりの経営モデル』日本経済新聞出版社
本書では，社会的課題を組織で解決する際の新しい経営モデルを提唱している。その際に，重要な概念として「責任」をキーワードに掲げている。また同書では，「責任」を他者のよびかけに自分はどのように応えるかを考える「主体的で能動的かつ創発的な概念」と定義している。その他に同書は創発型責任経営による SDGs に取り組む指針も提示している。

③ラルー，F.／鈴木立哉［訳］／嘉村賢州［解説］（2018）．『ティール組織──マネジメントの常識を覆す次世代型組織の出現』英治出版
ティール組織とは，進化型組織のことを指す。本書は，「人々の可能性をもっと引き出す組織とは，どんな組織だろうか？　どうすればそんな組織を実現できるのだろう？」という問いをもとに大胆な革新的な方法による進化型組織モデルを示している。ティール組織では，個人のセルフマネジメントを重視する。たとえば，環境や社会問題を考える際にも，組織の利益ではなく，個人的な問いによる問題へのアプローチが重要と説いている。

【引用・参考文献】

シュイナード, I. ／井口耕二［訳］(2017).『社員をサーフィンに行かせよう――パタゴニア経営のすべて』ダイヤモンド社

楠木　建 (2010).『ストーリーとしての競争戦略――優れた戦略の条件』東洋経済新報社

WWF ジャパン (2011).「APP 社の「環境広告」はグリーンウォッシュ」〈https://www.wwf.or.jp/activities/activity/2433.html（最終確認日：2019 年 9 月 13 日）〉

デロイトトーマツコンサルティング合同会社 (2017).「SDGs ビジネスの可能性とルール形成――最終報告書」〈https://webdesk.jsa.or.jp/pdf/dev/md_3079.pdf（最終確認日：2019 年 9 月 13 日）〉

電通 (2018).「SDGs コミュニケーションガイド」〈https://www.dentsu.co.jp/csr/team_sdgs/pdf/sdgs_communication_guide.pdf（最終確認日：2019 年 9 月 13 日）〉

モニターデロイト［編］(2018).『SDGs が問いかける経営の未来』日本経済新聞出版社

Bowen, F. (2014). *After greenwashing: Symbolic corporate environmentalism and society*. Cambridge University Press.

Chen, Y. S., & Chang, C.-H. (2012). Greenwash and green trust: The mediation effects of green consumer confusion and green perceived risk. *Journal of Business Ethics*, *114*(3), 489–500.

Delmas, M., & Cuerel-Burbano, V. (2011). The drivers of greenwashing. *California Management Review*, *54*(1), 64–87.

Du, X. (2014). How the market values greenwashing?: Evidence from China. *Journal of Business Ethics*, *128*(3), 547–574.

Futerra (2015). Selling sustainability: Primer for marketers. 〈https://www.wearefuterra.com/wp-content/uploads/2015/10/FuterraBSR_SellingSustainability2015.pdf（最終確認日：2019 年 9 月 13 日）〉

Global Sustainable Investment Alliance (GSIA) (2019). Global sustainable investment review 2018. 〈http://gsi-alliance.org/（最終確認日：2019 年 9 月 13 日）〉

GRI (Global Reporting Initiative) & UNGC (United Nations Global Compact) (2018a). Integrating the SDGs into corporate reporting: A practical guide. 〈https://www.globalreporting.org/resourcelibrary/GRI_UNGC_Reporting-on-SDGs_Practical_Guide.pdf（最終確認日：2019 年 9 月 13 日）〉

GRI (Global Reporting Initiative) & UNGC (United Nations Global Compact) (2018b). An analysis of the goals and targets. 〈https://www.globalreporting.org/resourcelibrary/GRI_UNGC_Business-Reporting-on-SDGs_Analysis-of-Goals-and-Targets.pdf（最終確認日：2019 年 9 月 13 日）〉

Mhlanga, R., Genting, U., & Agarwal, N. (2018). Walking the talk: Assessing companies' progress from SDG rhetoric to action. Oxfam Discussion Papers.

OECD (2017). Ever heard of SDG washing? The urgency of SDG due diligence. 〈https://oecd-development-matters.org/2017/09/25/ever-heard-of-sdg-washing-the-urgency-of-sdg-due-diligence（最終確認日：2019 年 9 月 13 日）〉

Public Eye（2007）. NGOs criticize "blue washing" by the global compact.〈https://
　www.publiceye.ch/en/media-corner/press-releases/detail/ngos-criticize-blue-
　washing-by-the-global-compact（最終確認日：2019 年 9 月 13 日）〉
The GlobeScan and SustainAbility Survey（2019）. The 2019 sustainability leaders
　report.〈https://globescan.com/2019-sustainability-leaders-report/（最 終 確 認 日：
　2019 年 9 月 13 日）〉

【参考URL】
朝 日 新 聞 社「SDGs 認 知 度 調 査　第 5 回 報 告」〈https://miraimedia.asahi.com/sdgs_
　survey05/（最終確認日：2020 年 2 月 3 日）〉
パタゴニア「公正な労働基準と安全な労働環境をパタゴニアのサプライチェーン全体を
　通して推進する取り組み」〈https://www.patagonia.jp/corporate-responsibility.html
　（最終確認日：2019 年 9 月 13 日）〉

事項索引

人名索引

執筆者紹介 （いずれも所属は公立鳥取環境大学，＊は編者）

高井 亨 （たかい とおる）＊
経営学部，博士（経済学）（京都大学），まえがき，第０章，第３章

谷口謙次 （たにぐち けんじ）
経営学部，博士（経済学）（大阪市立大学），第１章

相川 泰 （あいかわ やすし）
経営学部，修士（学術）（東京大学），第２章

足利裕人 （あしかが ひろと）
環境学部，修士（理学）（広島大学），第４章

田島正喜 （たじま まさき）
環境学部，博士（農学）（東京大学），第５章

角野貴信 （かどの あつのぶ）
環境学部，博士（農学）（京都大学），第６章

柚洞一央 （ゆほら かずひろ）
環境学部，博士（文学）（北海道大学），第７章

甲田紫乃 （こうだ しの）＊
環境学部，博士（エネルギー科学）（京都大学），まえがき，第８章

竹内由佳 （たけうち ゆか）
経営学部，博士（商学）（神戸大学），第９章

連 宜萍 （LIEN, Yiping）
経営学部，博士（経済学）（麗澤大学），第10章

中尾悠利子 （なかお ゆりこ）
経営学部，博士（経営学）（神戸大学），第11章

佐藤 伸 （さとう しん）
環境学部，博士（農学）（京都大学），コラム

SDGs を考える
歴史・環境・経営の視点からみた持続可能な社会

| 2020 年 3 月 30 日 | 初版第 1 刷発行 |
| 2021 年 2 月 28 日 | 初版第 2 刷発行 |

編　者　高井 亨
　　　　甲田紫乃
発行者　中西 良
発行所　株式会社ナカニシヤ出版
〒606-8161　京都市左京区一乗寺木ノ本町 15 番地
Telephone　075-723-0111
Facsimile　075-723-0095
Website　http://www.nakanishiya.co.jp/
Email　iihon-ippai@nakanishiya.co.jp
郵便振替　01030-0-13128

印刷・製本＝ファインワークス／装幀＝白沢 正
Copyright © 2020 by T. Takai, & S. Koda
Printed in Japan.
ISBN978-4-7795-1468-5